JN087330

スーツは経費で落ちますか？

税理士による〈税知り本〉、賢い節税・トクする申告

税理士
高橋浩之

はじめに

「みんなの税知り本」へようこそ

あなたが手にしたこの本は、税金を知るための「税知り本」です。

こんな風に考えている人のために書きました。

●税金のことを知りたい
●でも、ややこしかったり、とっつきにくかったりする本はいやだ
●だから、教科書的な説明はいらない

表現方法はさまざまです。全力を挙げ、あらゆる手段を用いました。

イラスト、コミックエッセイ風、４コママンガ。さらに、たとえ話、戯曲風、有名な話に骨子を借りた寓話風……。

税金の本としては、異端です。雑多な印象があるかもしれません。

でも、すべてはあなたに、税金のことを知ってもらうため。

税金は、わかりづらい。できることなら、そういうややこしいことには関わることなく一生を終えたい。こう思っていても、そういうわけにはいきません。知っているほうがトクすることだってあります。

ならば、いっそのこと、能動的に知ってしまおう！

そのお手伝いをするのが、この本の目的です。

＊＊＊

あらためてはじめまして。税理士の高橋浩之と申します。

「何者？」ということになるので、自己紹介をしましょう。

職業生活のスタートは、トラックの運転手でした。

高校を卒業してトラックの運転手になったんですね。進学する気はカケラもなし。なので、残る道は就職か、無職でふらふらするか。

なぜか同級生に、少しは将来のことを考えたほうがいいなんて言

われました。普通そういうことは年長者から言われるものだが……と聞き流し、結局は求人誌を見てトラックの運転手に。ところが――、人間は変わることがあるんですね。数年経つうちに、ほかにも進む道があるように思えてきました。

自分が70歳になったとき、なにかにチャレンジしなかったことを後悔したくない。自分にできる挑戦をしてみよう。こう思うようになったわけです（かつての同級生のアドバイスが数年越しで効いてきたのかもしれません）。まあ、もしダメならいつでもトラックの運転手に戻ればいいし。

そんなときに書店で手に取った『あなたに合った資格を取ろう』という本で紹介された資格の中から選んだのが、税理士でした。

実のところ、その本で最初に目に入ったのは弁護士。でも、高校受験以来、勉強する機会がなかったので、司法試験を受けるなんてちょっと図々しい。こう思って、やめました。そもそも受験資格もありませんし（当時は、高卒だと一般教育科目の一次試験に合格して初めて、本丸の二次試験に進める制度だったのです）。

それに対して、税理士なら簿記1級なるものに合格すれば、受験資格が得られるらしい。さらにその本には、「簿記1級は明日にでも受かる！」。そんな気にさせる専門学校の広告まで載っていました。

税理士なら将来、独立の道も開けるし、いいじゃないか！

よしっ！　税理士をめざそう。もとい、税理士になろう！

＊＊＊

この本『スーツは経費で落ちますか？』は、そんな出自の税理士が書きました。目的は、冒頭でお話ししたとおりです。

税金や会計について、知っておきたいことや正しい知識を、ストンと腑に落ちるようにわかりやすく紹介しました。リズミカルに読めて、知らず知らずのうちにそれらが身に付くことでしょう。

そしてその知識は、必ずやあなたの社会生活で役に立つはずです。

さらに、知れば余計に興味が湧きます（人は、興味があるから知ろうとするのではなく、少しでも知っていることに、より興味を持つのです）。この本で興味が湧いたら、ぜひ次の本格的・専門的な段階に進んでください。

第1章〜第3章は個人の税金や税務調査など、誰にも、どんな会社にも関係する内容を取り上げました。第4章は、会社や個人事業主をめぐる税金、第5章は会計と経営がテーマです。

ただ、ときどき理解を深めるための伏線を張っています。私には関係なさそう、などと飛ばさずに、隅々までお目とおしのほどを。

さあ、税理士による、税金を知るための「みんなの税知り本」へようこそ。

税理士　高橋浩之

目次

第2章 少女の擦ったマッチは売上だった件
所得税に強くなる6話

第3章 やらかし男の印紙税 税務調査がよくわかる5話

第4章 社員旅行がひとり旅だと、税務署になに言われるかわからない

会社の税金に精通する6話

【番外編】節税という名の誘惑

第5章 利益を倍にしたけりゃ、めざせ売上30%増!?

会計を経営に活かす8話

《本書の読み方》

この本は、わかりやすさを優先しています。そのため、説明は簡略にし、厳密な表現はせず、*細かな要件や例外には触れていません。したがって、この本をヒントに実際の判断をする際は、より専門的な書籍にあたるなど事前の確認をしっかりとお願いいたします。

***厳密な表現はせず**――たとえば、控除対象扶養親族になるのは、

〔本書では〕⬇ 扶養親族になれるのは高校生になってから

〔厳密に表現すると〕⬇ 扶養親族のうち、その年の12月31日現在の年齢が16歳以上の人

おもな登場人物

抜け目のない
敏腕コンサルタント・
ジョニー

しばしば登場し、フィー（報酬）を請求して去っていく。信条は「振込手数料は相手持ち」

社長の父

冒頭、息子が起業した会社を手伝っている。その後の消息は不明

マッチ売りの少女

大みそかに街角に立つ。社長の身内の個人事業主

社長

中小企業の社長。名前はまだない。情熱的な求婚の末に結ばれた奥さんとは……。後半では、世界を制覇している。登場回数の多いメインキャラクター的存在

鼻社長

毎年巨額の利益を計上する鼻社の社長。税金を減らすことだけを目的にお金を使うが……。やがて大切なことに気付く

A

Kの親友。中小企業を経営している。カン違いからなにかをやらかす「やらかし男」

K

中小企業の社長。常に親友Aのカン違いを指摘する

❖第1章

オカンとボクと、ときどき、横領

所得税が安くなる９話

1

給与からだって控除できる

自腹を切っていた本代が控除⁉

給与所得者

年収を給与で得ている人（「給与所得者」といいます）には、個人事業主のような必要経費は一切認められない――。

このように思っていませんか。

実は、給与所得者にも、仕事に関する支払いをしたときに控除することができる制度があるのです。

その名は、「給与所得者の特定支出控除」。

給与所得者の必要経費は一切認められないって⁉「給与所得者の特定支出控除」があるじゃないか

「給与所得者の特定支出控除」という制度がある

給与所得者の所得税は次のように計算します。

（年収－給与所得控除[*1]－所得控除[*2]）×税率

給与所得控除は、年収が決まれば自動的に決まります。個人事業主のように、実際に使った経費を控除するということにはなっていないんですね。

◆おじいさん、控除の上乗せができるかもしれないぞ！

だとすると――、給与所得者は仕事に関係することで自腹を切っても、税金での控除は一切ないのでしょうか？

＊1　**給与所得控除**――給与所得者の必要経費的な意味合いの控除です。年収が決まれば自動的に決まります。年収から給与所得控除を差し引いた残りが所得です。

＊2　**所得控除**――配偶者控除、扶養控除、医療費控除など。その人ごとの個人的事情に配慮した控除です。

＊　＊　＊

ある山奥におじいさんとおばあさんが住んでいました。

おじいさんは山へ芝刈りに……ではなく、遠く離れた都会の会社に通っていました。

熟年起業した息子が経営する会社の手伝いをしていたのです。

そんなある日、おじいさんが勤める会社に敏腕コンサルタントのジョニーが立ち寄りました。

ジョニーはおじいさんが山奥から通勤していることを知ると、興味津々で尋ねてきました。

◆おじいさん、通勤費に自腹を切る

ジョニー　山奥から通勤かい？　その年でたいへんだろう。

おじいさん　いや、いい刺激になっているよ。

ジョニー　通勤費は会社から出ているのかい？

通勤費は自腹

◆おじいさん、本代や資格取得のための費用に自腹を切る

ジョニー　取引先には海外の会社も多いようだな。英語はできるのかい？

おじいさん　本を買った。『〝ありがとうを英語で言えない人のための〟ビジネス英会話入門』という本だ。

ジョニー　……ユニークな本じゃないか。本代は？

おじいさん　自腹だ。TOEIC®L&Rテストも受ける。目標は900点。

ジョニー　死ぬまで無理だな。で、そのための費用は？

仕事のための本代や、
資格のための費用も自腹

◆おじいさん、接待で自腹を切る

ジョニー　接待もするのかい？

おじいさん　まあ、それなりに。まだまだ若い者には負けないぞ。わははははは。

ジョニー　ほ、ほう、そうかい。やっぱりそれも……。

ジョニーは、腕を組んでうなりました。

（どれもこれも会社の業務に関する支払いばかりじゃないか）

そして、なにかを思い出した様子でこう叫びました。

「給与所得者の特定支出控除だ！　ヘイ、おじいさん、控除の上乗せができるかもしれないぞ！」

＊　＊　＊

接待費も自腹

所得税には、「給与所得者の特定支出控除」という制度があります。給与所得者が使った仕事に関係する支払いを、給与所得控除に上乗せすることができる制度です。

◆給与所得者の特定支出控除の条件とは？

給与所得者が次のような支出（「特定支出」といいます）をした場合、その支出が給与所得控除の50％を超えれば、その超えた金額も年収から控除することができます。

1　通勤費／2　転居費／3　研修費／4　資格取得費／5　単身赴任などの場合の帰宅旅費／6　勤務必要経費／(1)　図書費／(2)　衣服費／(3)　交際費、接待費

特定支出控除のある給与所得者の所得税は、次のように計算します。

（年収－給与所得控除－**特定支出控除**－所得控除）×税率

NEW!

＊　＊　＊

おじいさん　ありがとう、ジョニー。さっそく特定支出控除の準備*をしよう。

ジョニー　役に立ててうれしいよ。コンサルタントフィー（報酬）はここに振り込んでくれ。振込手数料はそっち持ちで。

おじいさん　抜け目ないな、ジョニー。支払いはやっぱり——。

ジョニー　自腹でな。WAHAHAHAHAHAHAHAHAHA。

おじいさん　わははははははははははは。あっ、そうだ！

ジョニー　なんだい？

収入がなければ、控除もありません

たとえば、年収５００万円の人の給与所得控除は、１４４万円。その2分の1は72万円。つまり、年間72万円を超える特定支出があれば、控除の上乗せがあるというわけです。

ハードルが高い？

確かに、高い。特定支出控除は、多くの人が受けられるものではありません。

でも、このような制度は、知っているかいないかがすべてです。

給与所得者にとって、今後この条件に当てはまる状況にならないとは言い切れないでしょう。

ぜひ、記憶の片隅にとどめておいてください。

＊特定支出控除の準備――どの特定支出も、その支払いが仕事上必要であることについて、会社に証明してもらわなければなりません。

2

〈配偶者の控除〉どうせなら38万円

始まりは、あなたの所得

結婚している人・しようとしている人

結婚している人には、配偶者控除・配偶者特別控除（ここでは、あわせて「配偶者の控除」と呼びましょう）があります。

実は、この配偶者の控除、控除額が一律ではありません。あなたの所得と、配偶者の所得の組み合わせで決まる。こんなややこしいことになっているんですね。

控除額は、下は1万円から上は満額の38万円まで。

だとすれば、控除額は満額の38万円がいい。ということでコミックエッセイ風、配偶者の控除きほんの「き」。

配偶者の控除の満額（38万円）を受けるための要件を紹介しましょう。

★配偶者の控除の満額（38万円）
→これはさすがに長すぎる。
ここでは「配偶者38控除」と呼ぼう。

まずは、こんな質問から

あなた、所得は？

900万円以下？

配偶者38控除は、所得が高い人は受けることができません。

★ここでの所得は、配偶者のものではなく、あなたの所得。

その基準が、900万円。
答えがイエスなら、第一段階クリアです。

★所得900万円超の人は、
ここで配偶者38控除の
世界から退場！

バハハーイ

所得 900万円超

Q ところで、所得っていったい？
年収とは違うの？

年収と所得は、まれに混同して使われることがあるようです。
年収と所得の関係はというと――
あなたが給与所得者なら、

給与

年収から、
給与所得控除を
差し引いたのが所得。

■ 給与所得者

	年　収
−	給与所得控除
	所　得

あなたが個人事業主なら、

■ 個人事業主

年収（売上）
－必要経費

所　　得

売上から、
実際に使った必要経費を
差し引いたのが所得です。

なるほど、年収と所得の違いは
わかりました。

では、あたらめて

あなた、
所得は？

900万円以下？

答えられないですよね、
普通。

へっ？
所得？

……年収ならわかるけど、

でも、心配なし。給与所得者は、
年収がわかれば大丈夫です。

給与の年収と所得には、
どちらかが決まれば、
もう一方が自動的に決まる
という関係があります。

その関係からすると――
年収が1095万円以下なら、
所得は、必ず900万円以下
になる！

年収ならわかるさ

1095万円以下だ

じゃあ、所得は
900 万円以下です。

そんな給与所得者に対して――

個人事業主は、自分で
売上と必要経費を
計算します。

★売上と経費の集計
真っ最中

個人事業主

それがまさに所得の計算。

さて、本題に戻って――

配偶者38控除のために
所得900万円以下のあなたが
クリアすべき要件は、
あと3つ。

まずは、結婚していること。
当たり前ですよね。

ただし――
事実婚はダメ。
法律的に結婚している
必要があります。

この結果、
入籍すれば
第一段階クリア。

2つめの要件は、「同一生計」。

同一生計とは、
生活費のおサイフが
一緒ということ。

普通、
ひとつ屋根の下で
暮らしていれば
同一生計になります。

★古典的な同一生計の様子

3つめは、配偶者の所得要件。
おなじみの
ホニャララのカベです。

ホニャララには、
それ以下なら配偶者38控除が
受けられるという
配偶者の年収が入ります。
★パート勤務の配偶者
（年収が給与の人）を
想定しています。

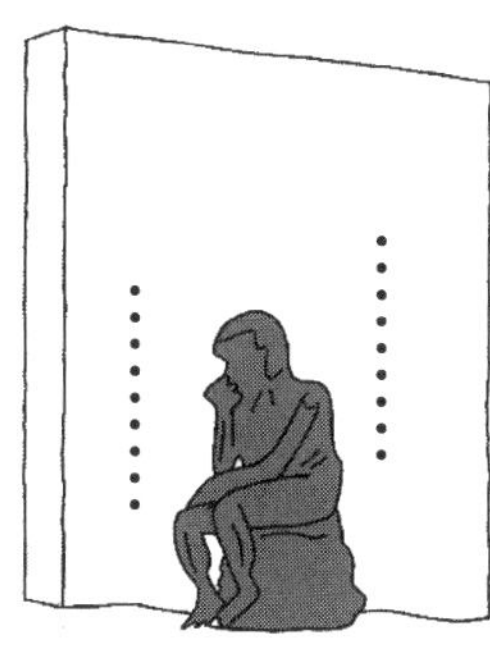

さて、
その年収は？

残念。

以前はそれでよかった。

よく、

「103万円のカベ」

なんていっていましたからね。

でも、いまは
150万円が正解。

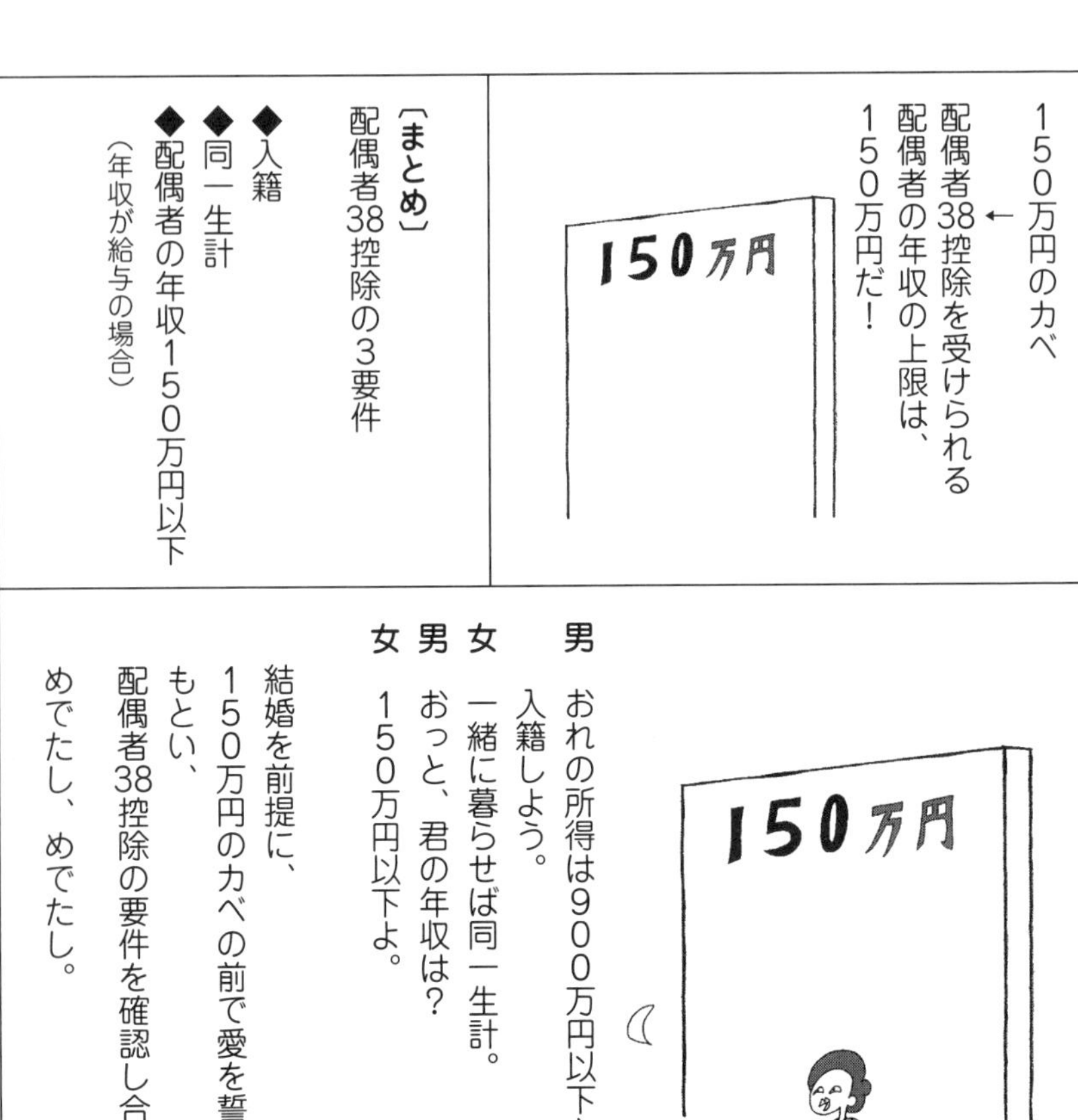

＊実は、あなたが個人事業主なら、もうひとつ要件があります。
配偶者に仕事を手伝ってもらい、かつ給与を支払ったときは、
あなたは配偶者控除を受けることができません。
支払ったのが、たとえ150万円以下であっても、です。
つまり、第4の要件は、
◆配偶者に、給与を1円たりとも支払っていないこと。

3 結婚するなら年内に

すべては大みそかに決まる――ウソつき男の12月31日

結婚する予定の人

所得税の計算期間は、誰でも1月1日から12月31日までの1年間。

計算期間最後の日イコール12月31日、つまり大みそか。この日が、所得税の世界では重要な意味を持っています。

たとえば、配偶者の控除が受けられるかどうかは、大みそかの状況によることになっているのです。つまり、大みそかに結婚していればいいというわけです（もちろん、ほかの要件を満たしたうえで）。

ということは――

このとき、すべてが決まる！

大みそかに結婚。控除額は12分の1でも365分の1でもない

春。

ある村に羊飼いの男がいた。

くる日もくる日も同じことの繰り返し。男は飽き飽きしてしまい、ちょっといたずらをしたくなった。

男は、大声を上げた。「結婚するぞ！　結婚するぞ！」

あいつもついに結婚か。やれ、相手は誰だ。やれ、新居はどこだ。披露宴だ、祝儀だ……。

大騒ぎする人々を見て男は大爆笑。ひとしきり爆笑した後、男は言った。

「景気が悪いから延期する」

秋。

味をしめた男は、ふたたび大声を上げた。

「結婚するぞ！　おれの所得は９００万円以下だ」「結婚するぞ！　配偶者と一緒に暮らすぞ」

「結婚するぞ！　配偶者の給与年収は１５０万円以下だ」「結婚するぞ！　配偶者に給与は支払わない」

男の言葉に、またもや人々は大騒ぎ。その様子に満足した男、遊びに来ていた外国のお友だちが帰るとこう言った。

「新しい判断で延期する」

冬。

大みそかが近づいてきた。男は顔色を変えて、大声を上げた。

「結婚するぞ！　入籍だ！」

「事実婚じゃないぞ！」

けれどもみんなは知らんぷり。

「また延期するさ」

「オオカミ少年だな」

誰も男を信じなかったのである。

でも、今度は本当に結婚した。2度あることは、3度なかったのだ。

虚をつかれた村は大混乱。

そのさなか、男は一人静かに確定申告書の「配偶者（特別）控除欄」に、「38万円」と記載したのである。

ウソつき男は誰にも信用されないということだろうか。

いや、「配偶者38控除」に日割り、月割りという概念はない。重要なのは大みそか。このことを男の話は教えてくれる。

＊＊＊

配偶者38控除の要件のおさらい。

まずは、あなたの所得が９００万円以下であることが前提です。そのうえで、

(1) 法律的に結婚していること
(2) 配偶者と同一生計であること
(3) 配偶者の所得が決まった金額以下であること
(4) あなたが個人事業主の場合、配偶者に給与を支払っていないこと

これらの要件は、大みそかの時点での状況によります。大みそか―12月31日―、唯一その日の状況、ピンポイントで判断するのです。

大みそかに結婚したから控除額は、365分の1だとか、12月に結婚したから12分の1という計算はしません。

つまり、配偶者の控除に日割り、月割りはない。

大みそかに要件を満たしていれば、結婚していた期間に関係なく――たとえ、大みそか間際に結婚しても――1年分の控除（↑こういう言い方は通常しませんが）が受けられるのです。

どうせ結婚するのなら、年明けよりも年内に結婚したほうがいい。そのほうが、配偶者の控除が1年早く（1回多く）受けられるから。

結婚するなら、年内に。*

＊結婚するなら、年内に――出会いがあれば、別れもある。念のために（?）別れるときのことも確認しておこう。あなたと配偶者が、春夏秋冬どんなに仲むつまじく過ごしていても、12月30日に離婚すると、その年あなたは配偶者の控除を受けられません。なぜなら、所得税の世界で重要な意味を持つ大みそかに結婚していないから。――離婚するなら年明けに。

4 子どもが高校生になったら

103万円のカベを抜ければ扶養控除

扶養している親族がいる人

扶養している親族がいれば、所得税で「扶養控除」が受けられます。

もちろん、親族であれば誰でもＯＫというわけではありません。

扶養控除の対象となるのは、まず、16歳以上の親族。

つまり、高校生から。中学生までは対象外です。

そのほかの要件はというと——

16歳以上なら、要件はあと3つ

◆同一生計——離れて暮らしていても適用されることがある

ひとつめの要件は、同一生計であること。配偶者の控除のときと同じです。

とはいえ、同居でなくてもOK。別々に住んでいても、仕送りにより生活費のおサイフが一緒ならば、同一生計になります。

仕送りに、いくら以上という基準はありません

◆おなじみ１０３万円のカベ

続いては、ホニャララのカベ。

配偶者38控除では、配偶者の給与の年収には１５０万円のカベがありました。扶養控除では、カベは１０３万円です。

◆給与を支払ったらダメ

最後は、あなたが個人事業主である場合の要件です。

親族に仕事（事業）を手伝ってもらい、かつ給与を支払ったときは、その親族は扶養控除の対象外になってしまいます。支払ったのが、たとえ１０３万円以下であっても。

これもまた、配偶者38控除と同じです。

5 奥さまの連れ子は親族

野球チームができる人数でもOK——扶養控除に限りなし

結婚した相手に連れ子がいる人

一組の夫婦。

ごく普通の二人は、ごく普通の恋をし、ごく普通の結婚をしました。でも、ただひとつ違っていたのは、奥さまには連れ子*がいたのです。

そんな夫婦の男性から、質問がありました。

*ただひとつ違っていたのは、奥さまには連れ子——かつてのアメリカのテレビドラマ『奥さまは魔女』の出だしのナレーションを模しています。ですので、連れ子がいることが普通でない、といっているわけではありません。

結婚した男性からの質問

Q1. 最近、結婚しました。相手の女性には、連れ子がいます。その子どもたちを私の所得税で、扶養親族にできますか？　やっぱり、養子縁組しなきゃダメでしょうか？

A1. 相手の女性の連れ子は、結婚を機にあなたの親族になります。したがって、そのほかの要件*を満たしていれば、あなたの所得税で扶養親族として控除ができます。

配偶者の控除と同じで、判定の日は大みそか。その日に親族であればOKです。控除額の日割り、月割りはありません。いつ結婚しても（いつ親族になっても）、扶養控除は一人38万円です。

養子縁組は、必要ありません。

いきなり５児の父ですわ。
きついわ〜。
子どもたちを扶養親族にできますか？

Q2. あと三人いるそうです。

A2. 扶養控除の対象となる要件は先ほどのとおりです。
要件を満たせば、扶養控除を受けられます。

Q3. もう一人出てきました。野球チームができそうです……。

A3. 扶養親族に人数の制限や、年齢の上限はありません。
長男が要件を満たしていれば、扶養控除の対象になります。

＊そのほかの要件——扶養親族のそのほかの要件（おさらい）。
(1) 16歳以上であること
(2) 同一生計であること
(3) 所得が決まった金額以下であること（↓103万円のカベ）
(4) あなたが個人事業主の場合、給与を支払っていないこと

6

〈扶養控除〉―子争い―

どちらが控除するのかは、情実ではなく所得で決める

ともに収入のある夫婦

あいや、待たれい。
娘はそなたの
扶養親族ではない！

名奉行は、なぜ
そういう裁きをしたのか？
その判断は妥当だったのか？
果たして？

娘を扶養親族にできるのは、夫婦の一方のみ

たとえば、ひとつ屋根の下で暮らす（つまり、同一生計の）この家族の場合。

父は自分の税金の計算をするときに、娘を扶養親族にすることができます。母も自らの税金の計算上、娘を扶養親族とすることが可能です。ということは——この父母は、二人とも、扶養控除が受けられる？

いやいや、さすがにそれは虫がよすぎます。娘を父母の両方が扶養親族とすることはできないんですね。控除を受けられるのは、一人だけ。

では、どちらの扶養親族とするのがいいのでしょうか？

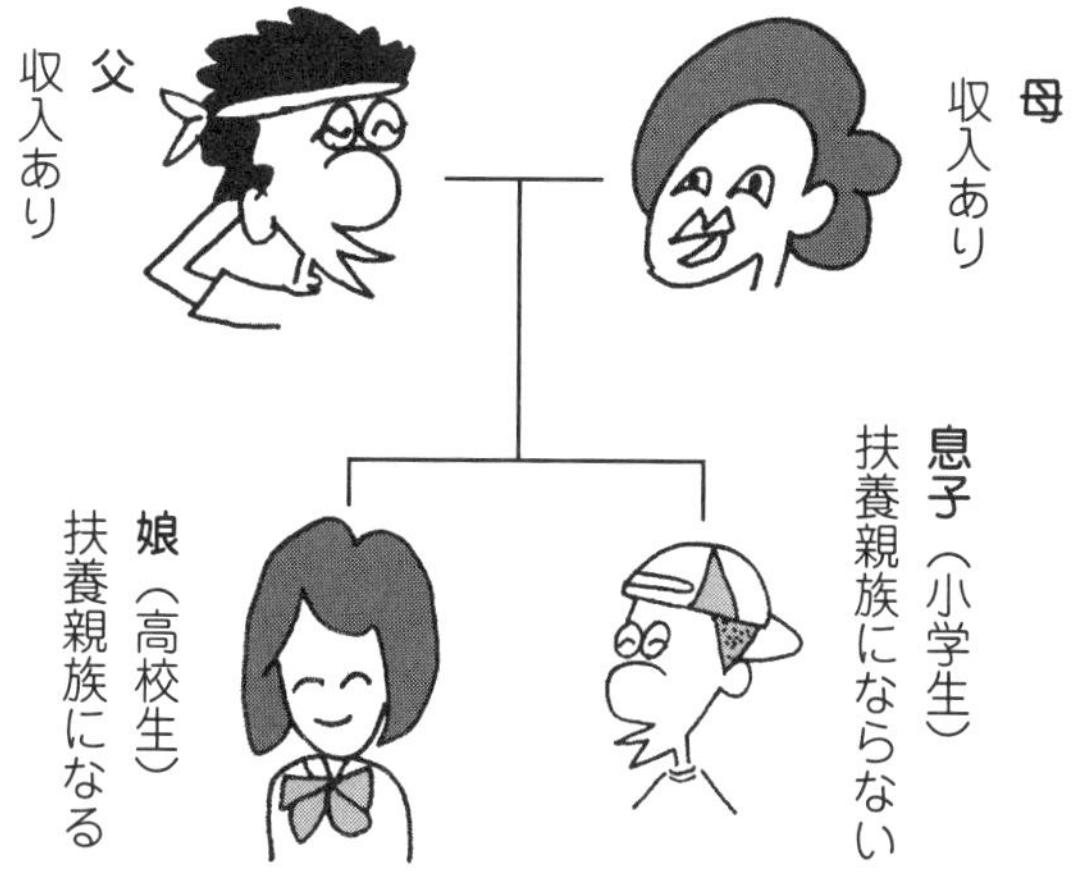

父
収入あり

母
収入あり

息子（小学生）
扶養親族にならない

娘（高校生）
扶養親族になる

◆どちらの扶養親族にするのかは、情実で決めるべきでない

ある夫婦がもめていました。扶養控除についてです。

二人には扶養親族の娘がいます。夫婦どちらが扶養控除を受けるか。

話し合いでは埒(らち)が明かず、二人は名奉行、大岡越前の奉行所で決着をつけることに……。

名奉行は言いました。

「それぞれ娘の手を取って、綱引きのように娘の腕を引っ張りなさい。娘は勝ったほうの扶養親族だ」

二人は二手に分かれて腕を引っ張りました。

ぐいぐい、ぐいぐい、ぐ〜い、ぐい。

力いっぱい引っ張られた娘はたまりません。大声で泣き叫びました。

「いたい、いたい、痛い。やめてよ、やめてよ、やめておくれよ」

そんな娘の様子を見てかわいそうになった母は、思わず手を放しました。娘は父のもとへ。

「うっひょ〜い、おれの扶養親族だ！」

父が扶養控除等申告書に娘の名前を書き込もうとしたそのときです。奉行所に名奉行の声が響きました。

「あいや、待たれい！　娘は、そなたの扶養親族ではない！」

驚く父。静まり返る奉行所。

名奉行は、どや顔で、

「その娘は母の扶養親族だ。控除を受けようというのなら、扶養親族が痛いと叫んでいる行為をどうして続けられようか！」「これにて一件落着！」

こう言い放つと、そそくさと帰り支度を始めましたとさ。

所得が多いほうの扶養親族とするのが有利

父母どちらの扶養親族にするかは、奉行所に訴え出るまでもなく、所得が多いほうの扶養親族にするのが普通です。

同じ控除額でも、所得の多いほうが減税効果も大きい*。

よって、世帯全体の実入りのためには、所得が多いほうの扶養親族とするのが有利です。

とはいえ、一度決めたら、ずっと同じである必要はありません。今年は父、来年は母というのは構わないんですね。要するに、同じ年にダブって扶養親族にしなければいいのです。

さて、名奉行の裁きについて——。名奉行は娘の腕の引っ張り合いをさせる前に、夫婦それぞれに所得を尋ねるべきでした。それで一件落着だったはずです。娘に痛い思いをさせるまでもなく。

——これにて、ほんとの一件落着！

＊所得の多いほうが減税効果も大きい——なぜなら、所得税は、所得が多いほど高い税率が適用されることになっているから（詳しくは、第2章「4　作家と漁師の思わぬつながり」で）。たとえ控除額が同じでも、所得によって減税額が違うというわけです。

同じ38万円の控除額に対して——もっとも税率が高い人の減税額はおよそ17万円。一方、一番低い人のそれは2万円に満たない。その差は、なんと9倍にも及びます。

7 家中の領収書を集めることから始めよう

医療費控除に10万円のカベがない人の正体

少しでも医療費がかかった家族がいる人

税理士は、確定申告の時期になるといろいろな相談会で申告のお手伝いをします。

ある相談会でのこと――。

個人事業についての計算が終わると、医療費控除の話になりました。

「そうそう、昨年は入院しましてな。ずいぶん医療費がかかりました。集計もひと苦労でしたわ」と明細書を差し出します。それによって、納付することになりそうだった所得税はゼロに。

その旨をお話しすると、曰く。「こんなにかかったのに、還付金はないんですか!!」

医療費控除は所得税を少なくするけれど、必ず還付金があるわけではありません。

まれにあるカン違いです。

というわけで、控除の代表選手（?）、医療費控除きほんの「き」。

医療費控除、
ご存じですよね。
年間で決まった金額以上の
医療費がかかったときには、
所得税で控除が受けられます。

決まった金額って
いくらでしょうか。

よく、医療費控除は10万円
なんていいます。
ということは――

超えなきゃいけないのは、
10万円のカベ？

実は、所得によっては、
10万円なくても
控除ができます。

つまり、
10万円が
絶対的な要件ではない
というわけ。

たとえば、給与所得者の場合
■年収３００万円以下
↓10万円なくても控除あり
■年収３００万円超
↓10万円超必要

医療費は、自分の分
だけでなくてもＯＫ。
ひとつ屋根の下で
暮らしている（つまり、同一生計）
家族の分も控除対象です。

誰の医療費でもＯＫ

●医療費控除の手順
まずは、家中の医療費の領収書を集める。

■10万円超なら

一番所得の多い人が医療費控除を適用
⇨これが、もっとも有利（減税効果最大）

■10万円以下なら

一番所得の少ない人が
控除を受けられるか検討
⇨あきらめていた控除が受けられるかも

★まれにあるカン違い
医療費控除があるからといって、必ず税金が還付されるわけではありません。

源泉徴収など、すでに納めた税金がない人は、いくら医療費控除があっても還付金はゼロです。

■医療費控除の対象となるのは

●医師、歯科医師による診療費、治療費

●薬代

●出産費用

などなど……

ただ、
たとえ医療機関への支払いでも、
容姿を美化するもの、
つまり美容整形費用はＮＧ。

予防接種も
治療ではないので
対象外です。

公共交通機関で
通院するときの
交通費はＯＫ。

でも、
車で行くときの
ガソリン代はダメです。

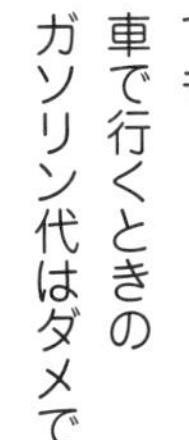

最後は手続き。

医療費控除には、
領収書をドサッと
税務署に持って行く
イメージがあります。

いまは、それができません。
領収書は自宅保管が原則です。
保管期間は、５年間。
その間は、税務署から見せてね
と言われても応えられるように
しておく必要があります。

大切にしすぎて、
どこに
しまったか
忘れない程度に
大切に。

「これが先祖代々わが家に伝わる医療費の
領収書ですわ」（いやいや、5年保管で大丈夫）

8

誰も知らない薬の控除

医者にかからず自分で治してね。それがセルフメディケーション税制

薬を買う人・買う家族がいる人

知らない人がいないくらい有名な医療費控除。

その医療費控除の特例として、セルフメディケーション税制なる制度があります。

実は、医療費控除の弟分的存在でありながら、こちらはとても知名度が低い。知っている人がぐっと減る控除です。

そんな、無名のセルフメディケーション税制とはいったい？

セルフメディケーション税制の目印は、薬のパッケージのこのマークだ！

スイッチOTC薬で控除がある！

「スイッチOTC薬」という薬を年間に1万2000円を超えて買うと、医療費控除のように所得税で控除が受けられる。それがセルフメディケーション税制です。

控除の最高額は、8万8000円。

スイッチOTC薬には、胃腸薬あり、アレルギー性鼻炎薬に総合感冒薬あり。

それにしても、スイッチOTC薬の「スイッチ」っていったいなんのスイッチでしょう？「OTC」もなんのことだかよくわかりません。

もともと医師の処方箋が必要だった薬が、安全性が確認されたため市販薬に転換（スイッチ）されたのがスイッチOTC薬です。

これに対して、最初から市販薬として認められていた薬は「ダイレクトOTC薬」といいます。

つまり、スイッチとダイレクト、成り立ちの違いがあって

OTC

⬇

Over The Counter

（オーバー・ザ・カウンター）

⬇

カウンター越しの販売

⬇

対面販売（イラストは日本の伝統的なOTC）

も、どちらも同じ市販薬。薬局の棚に並んでいる薬です。

セルフメディケーション税制は、スイッチＯＴＣ薬を買ったときの控除です。ダイレクトＯＴＣ薬はこの制度の対象外。ということは、両者を区別する必要があります。

でも、素人の私たちにはスイッチだかダイレクトだか区別がつきませんよね。

それは困る。ということで、スイッチＯＴＣ薬には「税額控除対象」のマークがついています。

◆まずは自分で――セルフメディケーション

セルフメディケーション税制は、医療費控除の弟分的な位置付けです。

セルフは「自ら」。メディケーションは「薬による治療」。つまり、薬を飲んで、自分で治す。

国には、増える一方の国民医療費を抑えたいという思惑があります。

すぐにお医者さんに頼らず、
まず市販薬で

だから、すぐに病院に行くのではなく、少しくらいの体の不調は自分で治してほしい。気合で……。って、さすがにそういうわけにはいきません。まずは薬だ。よしっ、税制で後押ししようじゃないか。スイッチOTC薬を買ったら、税金で控除する制度をつくろう。これからは自分の健康は自分で責任を持つ時代だ！

これがセルフメディケーション税制の趣旨*です。

*セルフメディケーション税制の趣旨――自分の健康は自分で責任を持つ。そのためには、定期的な健康診断は欠かせません。そこで、セルフメディケーション税制の控除を受けるには、ふだんから健康増進への取り組みをしている（健康診断、予防接種、メタボ検診・がん検診などを受けている）ことが必須要件。健康管理に無頓着な人は、この控除の対象外なのです。

◆1万2000円を超えた分が控除になる

セルフメディケーション税制の控除額は、年間にスイッチOTC薬に使ったお金から1万2000円を差し引いた金額です。

年間に2万円使えば8000円だし、10万円使えば8万8000円。ただし、それ以上は増えません。10万円を超えて使っても、控除は8万8000円で打ち止めです。

兄貴分の医療費控除は10万円の医療費がかからなければ適用はありませんでした（ただし、例外あり）。

うちはそんなに使わないからな。医療費控除なんて、まずわが家には関係ない――。

こんな家庭でも、弟分のセルフメディケーション税制なら受けられるかもしれません。1万2000円を超えればOKなわけですから。

薬は不意に必要になるもの。いくら買うことになるかなんて、事前にわかるはずはありません。

ふだんから、こまめに領収書をとっておくことが節税につながります。

9

オカン、預けていたボクのお年玉どうした？

横領されたら雑損控除。オレオレ詐欺に控除なし

盗難、横領、詐欺の被害にあった人

所得税の○○控除にはいろいろな種類があって、それぞれ、その人の個人的事情に配慮したものになっています。

もし、あなたが盗難や横領の被害にあったら……。これも個人的事情にほかなりませんよね。

そんなときに受けられるのが「雑損控除」です。

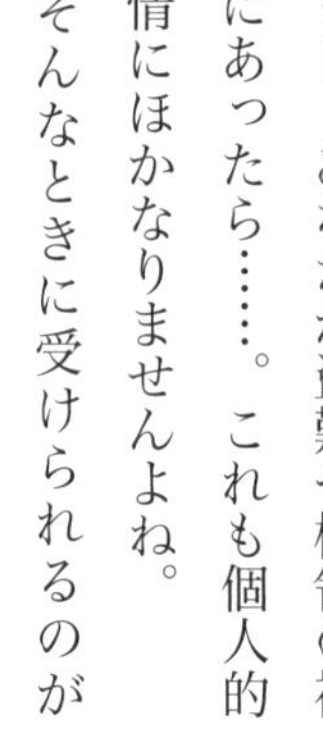

盗難、横領されたら「雑損控除」

◆本人の意思によらない損害には控除がある

盗難や横領の被害。これらは災害にも似て、まさに不可抗力です。そのようなことで損害を受けたときは、所得税で控除が受けられます。その名は「雑損控除」。

とはいえ、どんな損害でもOKかといえば、さにあらず。

ぜいたく品の類*はダメです。生活必需品の被害は適用されます。でも、そうでなければ適用されないというわけです。

被害額にも基準があります。所得に比べて、インパクトがなければ控除はありません。実際に被った損害の額が、所得の10%を超えているかどうかが基準です（超えていれば控除あり）。

*ぜいたく品の類——税金の世界では、ぜいたく品の類を「生活に通常必要でない資産」と言います。具体的には、競走馬（確かに）、賭けごとのための用品（欠かせない人もいるかもしれないけれど……やっぱり、生活に必要と言うわけにはいきません）、別荘（なくても、通常、生活に困らない）などのほか、家具・日常用品・衣類以外のものを指します（生活に必要なものを列挙し、それ以外を通常必要ないと規定している）。判断に迷うのは、いわゆるお宝（貴金属や絵画、書画骨董品など）です。それらは、ひとつの価格が30万円を超えると、生活に通常必要でない資産（＝ぜいたく品）になります。

確かに、生活に通常必要ない

◆自分の意思によるものだから、オレオレ詐欺は控除にならない

盗難や横領による被害があれば、雑損控除が受けられます。でも、実は、詐欺の被害はダメなんですね。似ているのに。

なぜなら――。

盗難や横領は、本人の意思によらない被害です。でも、詐欺は、途中経過はどうであれ、最終的にお金を渡したのは本人の意思。だから、控除は認められないのです。

そう言われれば、確かにそう。本人の意思で渡しています。

つまり、あなたの責任なんだから税金は面倒見られないよ、というわけです。もろ手を挙げて賛成とは言いかねるけれど……妙に納得させせられます。

おれ、おれ、おれだよ。結婚しよう！
突然でびっくりしたかい？プロポーズだよ。おれたち、夫婦になるんだ
二人の仲が役所への届け出なんて形式で決まるのはおかしいだろ？だからおれたち二人は夫婦さ。たったいまから
だろ？
うっとり
ところで、話は変わるけど、会社のお金の入ったバッグを電車に置き忘れてさ。いまから言う口座にお金、振り込んでくれるかな
夫婦は互いに協力し、扶助しなければならないと決まってるだろ？

振り込んだのは、
本人の意思

知人をだまして
くれたらしいのぅ。
事を荒立てるような
ことはせんから、
誠意を見せてもらおうか。
振り込み、頼むで。
振込手数料は
引くなや

恐喝の被害も、ダメです。
理由は、詐欺と同じで、
振り込んだのは、自分の意思だから

第2章

少女の擦ったマッチは売上だった件

所得税に強くなる6話

1 「今夜は冷えるね」と、君の擦ったマッチは売上

自分だってお客さん⁉――〈真説〉マッチ売りの少女

モノを売る商売の個人事業主

おなじみの童話『マッチ売りの少女』。

子どもの心で読めばもの悲しい物語ですよね。でも、大人が読むといろいろなことが気になってしまいます。

マッチを売っているということは、収入があるわけだ。

帳簿は？

申告は？

法人ということはなさそうだから、個人事業主か。

商品（マッチ）を使ったということは――

商品を自分のために使うと「売上」になる

大みそかのひどく寒い夜でした。

マッチ売りの少女は、冷えた指先を温めるためにマッチを燃やしました。一本、また一本……。

少女が最後の一本を擦ると、その光の環の中から現れたのは――、敏腕コンサルタントのジョニー。なんと、場違いなことでしょう。

ジョニーの表情は慈愛に満ちていました。そして、少女に向かって、こう語りかけたのです。

「自家消費だ」

＊　＊　＊

自家消費（「家事消費」ということもあります。意味は同じです）とは、個人事業主が商品を自分で使うこと。

マッチ売りの少女が自分を温めるためにマッチを擦る。お肉屋さんがお店の肉を夕飯のおかずにする。お花屋さんが恋人の誕生日にお店の花をプレゼントする。

これらはすべて自家消費*です。

自家消費をしたら、それを売上にしなければなりません。

自家消費した商品も当然、仕入れたときに経費にしているからです。自家消費したときになにもしなければ、売上がないのに経費だけが計上されてしまう……。
それではバランスがとれません。
そこで、バランスをとるために自分に対する売上を計上することになっているのです。
売上にすれば、所得税がかかります。
でも、いったい、自分に対する売上はなにを基準にして決めればいいのでしょうか。
道行く人に売るときの代金を売上にする？。

＊**すべて自家消費**――少女がマッチを擦ったのが、自分が温まるためではなく、商品デモのためだったら……。それは広告宣伝的な意味合いになるので、自家消費ではありません。

自家消費で売上にすべき金額は？

ジョニー　お客さんへの売り値はいくらだい？

少女　１００円で売ってる。

ジョニー　１００円か。でも、それを売上にしなくていいぞ。お金をもらったわけじゃないからな。70円だ。売り値の70％を売上にするんだ。自家消費のときは、30％のディスカウントが認められるというわけさ。

少女　70円？　でも、マッチの仕入れ値は80円なんだ。赤字でもいいのね。

ジョニー　いや。自家消費で赤字は許されない。そんなとき売上にすべきは――

＊　＊　＊

自家消費で赤字というのは、プライベートの支払いを経費にしているのと同じことです。もちろん、個人事業主の経費は、事業に関係したものに限られます。

つまり、最低でも、赤字にならないギリギリの売上を計上しなければならないというわけです。

赤字にならないギリギリの売上。それはすなわち、

＊　＊　＊

最低でも、仕入れ値と同じ額を売上にする。そのルールなら、赤字は出ません。

自家消費したときは、お客さんへの売り値の70％と仕入れ値のいずれか高いほうを売上に計上します。

⬇売り値１００円のとき

仕入れ値60円なら70円を売上にする

仕入れ値80円なら80円を売上にする

＊　＊　＊

ジョニー　役に立ったかい。コンサルタントフィーはここに振り込んでくれ。振込手数料はそっち持ちで。

少女　抜け目ないわねぇ。

ジョニー　タダにできないさ。タダにしたら、知識の自家消費＊になっちゃうじゃないか。んっ？　なにか聞きたそうだな。

少女　振込手数料は、なに費？

ジョニー　それは、会計事務所に聞いてくれ。

最後は言葉を濁し、敏腕コンサルタントは街へ消えていきました。

大みそかのひどく寒い夜のことでした。

＊知識の自家消費――自家消費になるのは、扱うものが目に見える商品の場合に限ります。目に見えないサービスは自家消費の対象外です。たとえば、税理士が、自らが持っている知識によって自身の節税をしても、それは自家消費にはなりません。お笑い芸人が、自分のネタに爆笑しちゃったときも同じです。さすがの敏腕コンサルタントも、ちょっとカン違いしていたようですね。

自家消費になる

お笑い芸人が、自分のネタで大爆笑しちゃったとき
⬇
自家消費にならない

2 スーツは経費で落ちますか？

ダメなら、対応策を示しましょう――税の世界のモヤモヤ問題

スーツを着て仕事をする個人事業主

個人事業主の所得は、収入金額から必要経費を差し引いて計算します。

必要経費は、

○収入金額にかかる売上原価その他その収入金額を得るために直接要した費用
○販売費、一般管理費
○その他、所得を生ずべき業務について生じた費用

とされています。

さて、あなたがふだん仕事で着るスーツは必要経費――でＯＫ？

税の世界のモヤモヤ問題。それは、スーツ

スーツ――お笑い芸人が着る舞台用ではない一般的なもの――これは経費になるのでしょうか。

スーツは普通、仕事でしか着ません。

じゃあ、経費だよね。スーツをふだん着にするなんて、無理がある。そんなことしたら、あの人、オフでもスーツ着ているね、ケチなのね、とうわさになっちゃう。仕事でしか着ないものを経費にしちゃダメなんておかしいんじゃない？

こう考えるのは、至極まとも。

とはいえ、経費にならないという声も根強い。なぜなら、それは衣食住に関わるものだから。

衣食住には、誰もがお金を使います（当たり前）。

事業をしていても、していなくても、出ていくお金を経費で落とすとなるとそれなりの理由が必要です。それはわかる。でも、〝仕事でしか着ないから〟⬆これがそれなりの理由にならずして、ほかにどんな理由があるのか⁉

誰だって生きていくために食事はするけれど、仕事関係者との食事代が経費になることだってあります。

いろいろ考えると、夜も眠れなくなる。ハッキリとした答えが出せずにモヤモヤしてしまいます。

それでもいくつか対応策を考えてみましょうか。

〈対応策その1〉 胸ポケットに屋号

スーツの胸ポケットに屋号を縫い込むという手があります。屋号が入っているんだから、仕事用だと言えます。と、こんな話をしたら、ある個人事業主曰く。

内ポケットでもいいんですかね？

内ポケット！ それは名案！ 発想の転換とはまさにこのこと。スーツに屋号を縫い込んだという事実を残しつつ、表立っては見えない。つまり、スーツの胸ポケットに屋号などという、ちょっと気恥しいこと(?)にならなくてよろしい。まさに、一石二鳥！

もちろん、そういうわけにはいきません。それでは、会社員が内ポケットにネームを入れたのと同じですから。これで経費としてOKとはいかないのです。

やはり、縫い込む場所は胸ポケットに限ります。重要なのは、他人の目に触れること。

それができれば、経費への道は一歩も二歩も近づくはずです。

〈対応策その2〉 スーツの背中一面に広告でどうだ！

胸ポケットじゃちょっと弱い。そんな慎重派のあなたは、いっそのこと広告にしたらどうでしようか。
スーツの背中一面に広告を刺しゅう。お金はかかるけど、まあ、よろしい。スーツが経費になれば。これでどうだ！　税務署だって文句はあるまい。
好奇の視線に耐える、その勇気があればですが……。

〈対応策その3〉プライベートの写真を撮っておく

税務調査[*1]で、スーツを経費にしていることが問題になった。税務署の人はダメだと言う。

経費にした人　スーツは仕事でしか着ないなんて当たり前じゃん。休みの日にスーツでショッピングセンターに行く人がいる⁉　ディズニーランドもスーツで行かないし。そうだ、証拠写真があるよ。ほら、見て。（ディズニーランドでの家族写真を見せる）ねっ？　スーツじゃないでしょ？（内的独白：いや〜、写真撮っておいてよかった〜）

税務署の人　いや、そういうこと言ってるんじゃなくてですね……。たとえば、仕事が終わってプライベートで飲みに行くことありますよね？　取引先とじゃなくて。そのとき家に帰って着替えます？　スーツのまま行くんじゃないですか？

経費にした人　いや、おれ、そんなときでも仕事のこと考えながら飲んでるもん。

〈対応策その4〉 着替えればいいんだよ

要するに、状況に応じて着替えればいいってことです。

ということは――

私服で出勤して、仕事場でスーツに着替える。スーツで仕事をする。仕事が終わったら、スーツから私服に着替える。帰る。

では、自宅で仕事をする人は？

仕事の時間になったらスーツ姿になる。終わったら私服に着替える。くつろぐ（いや、でもこうなると、スーツを着る意味はありませんね）。

〈対応策その5〉 2分の1でどうだ！

どれもこれも、決め手に欠ける。もう、いろいろあってよくわからない。

どっちがどっちって言えないなら、どう？　日本の伝統的な解決策で。つまり、間をとって2分の1。半分経費でどうだ！

＊　＊　＊

以上は、個人事業主のお話。

どうでしょう？　いい対応策は見つかりそうですか？

では、会社から給与の出る給与所得者の場合は？

そう思ったあなたは、給与所得者の特定支出（18ページ）を思い出してください。特定支出には「被服費」なるものがあります。

まさに、スーツは被服費。スーツ代は給与所得者の特定支出[*2]になるのです。

＊1　**税務調査**――税務署の税務調査については、第3章「やらかし男の印紙税」で詳しく説明します。

＊2　**スーツ代は給与所得者の特定支出**――ただし、スーツが仕事で必要であることについて、会社から証明を受ける必要があります。

3 なんと！　財産をあげたら税金がかかった

裸一貫。されど税金――課税と共に去りぬ

対象 離婚して財産分与した人・する予定の人

税金は、所得にかかります。つまり、所得がなければ、税金がかかることはありません。

税金の世界には、「担税力」という言葉があります。担税力とは、税金を負担する能力のこと。それは所得であり、所得には普通キャッシュインが伴います（つまり、入金がある）。

ところが、キャッシュインがないのに、税金がかかる。こんな理不尽があるのです。

財産分与で税金がかかる

夫婦が離婚し、夫が妻へ財産分与をしました。

財産分与したのは自宅。夫は自分名義の自宅の土地建物を元奥さん名義にし、自分は裸一貫で出直そうと決意したわけです。

このとき、税金がかかります。

そりゃそうだ。税金かかるよな。なんたって、タダで自宅をもらったんだからな。元奥さんに贈与税がかかるんだろ？　普通、こう思います。

でも、実は逆。夫に税金がかかるんですね。

間違いではありません。自宅をもらった元奥さんにではなく、自宅を手放した夫に税金がかかるのです。*

かかる税金は「譲渡所得税」。

譲渡所得税とは、土地や建物などを売ったときの税金です。それがかかります。なんと理不尽な……。

いやいや、確かにおれは自宅を元奥さんの名義にしたよ。裸一貫で出直すつもりだったからね。でも、売ったわけじゃない。お金をもらっていないのに、税金がかかるなんておか

夫は、裸一貫で
出直すつもりだった

しいだろ？　むしろ自宅をあげて損したんだから、税金で控除してもらいたいくらいだ。

こう考えるのは、もっともです。

＊夫に税金がかかる――財産分与と普通の贈与とでは性格が異なります。普通の贈与では、もらった人に税金がかかり、あげた人には税金はかかりません。

所有者が変わるから税金がかかる

税金の世界には、伝統的な考え方があります。所有者が変わったことを契機に、元の所有者に対して税金をかけるのです。

所有者が変わるというのは、モノが移転すること。このとき、そのモノの価値の増加分（手に入れたときから手放すときまでの値上がり益。格好つけたいときは、「キャピタルゲイン」と言おう）に税金をかけるのです。

譲渡所得税は、モノを売ってお金が入ってきたから、ではなく「モノが移転したから」税金がかかるということなんですね。

離婚の財産分与でも同じこと。お金をもらっているかどうかは、関係ないのです。＊

受け入れがたいかもしれませんね。でも、残念ながら事実です。

離婚で財産分与を検討中（？）の方は、ご留意を。

＊お金をもらっているかどうかは、関係ない――実は、夫はお金をもらっていないけれど、利益は受けています。自宅をあげることで、財産分与義務から解き放たれた。つまり、借金の消滅にも似た利益を得たのです（これもまた、受け入れがたいでしょうか）。

財産分与で、どのくらい税金がかかるのか？

財産分与で自宅を元奥さんの名義にすると、元の持ち主であった本人に譲渡所得税がかかることがわかりました。でも、いったいどのくらいかかるのか。気になるのは、もちろんそこです。

もし、その自宅が、夫が買ったものであるときは、おそらく税金は想像するよりずっと少ないはず（ゼロになることも多い）。

そうではなく、自宅が先祖代々引き継いできたものなら、それなりの税金を納めなければなりません。

買ったのか、引き継いできたかで税金に大きな差が出るというわけです。

1．買ったとき

先ほど、値上がり益に対して税金がかかるとお話ししました。

つまり、手に入れたときから離婚するまでに、自宅の価値がどのくらい上がったのか。これが問題です。それは買ったときの値段と現在の価値（相場）を比べればわかります。

価値が上がっていないなら、値上がり益ゼロで、税金もゼロ。

価値が上がっていても、実は自宅を売ったときには、値上がり益から3000万円を差し引けることになっています。差し引いても、さらに残りがあれば税金がかかりますが……さすがに、3000万円も価値が上がってるなんてことはまれです。

したがって、納める税金はゼロのことが多いはず。

2. 先祖代々引き継いできたとき

このケースでも、値上がり益が問題になるのは同じです。買ったときの値段と現在の価値を比べるのも同じ。

んっ？　買ったとき？

買ったのはご先祖様です。ご先祖様が買ったときの値段と、現在の価値を比べるわけです。それがこのケースの値上がり益。

でも、そんなことわからない。ひいおじいちゃんの親父さんがいくらで手に入れたかなんて、普通わかりません。そもそも買ってはいないかもしれないし。

わからなければ、しようがない。税金をかけるのはやめておこう、なんてことにはならず、現時点の価値の95％（！）が値上がり益ということにされてしまいます。

仮に、自宅の現在の価値が5000万円なら、その95％は4750万円。そこから、3000万円を差し引いた残り（1750万円）に対して税金がかかるというわけです。

つまり、裸一貫で去っていく男に課税の洗礼。

まさに「課税と共に去りぬ」です。

※買ったときの値段がわからないものとして、先祖代々の財産を例にしました（本来、夫が先祖から引き継いだ財産は、財産分与の対象にはなりません）。先祖代々でなくても、買ったときの値段が不明ならば95％が値上げ益になります。

4 作家と漁師の思わぬつながり

上がっていく税率と波のある所得

作家と漁師、所得税の計算のしくみを知りたい人

一見接点のなさそうなものに意外なつながりがある。そんなつながりを見つけられれば、それはミステリー小説の題材になりそうです。

小説といえば作家。そして作家といえば漁師？　これが連想ゲームなら、即座に×かもしれませんね。

でも、税金の世界では作家と漁師は、「同じ仲間」なんです。

所得に波のある仕事は不利

◆所得税の約束、累進税率

所得税は、所得が上がれば、それに応じて税率も一緒に上がっていくことになっています。所得が多ければ、税率も高い。これが所得税の約束、「累進税率」です。税率のキザミは、5％、10％、20％……ときて、最高は、所得が4000万円を超えたときの45％。

累進税率だと、こんなことが起こります。

たとえば、2年続けて所得500万円の人。2年間のトータルでは所得1000万円です。一方、1年目の所得が1000万円、2年目の所得がゼロの人がいます。こちらも2年間のトータルは同じ1000万円。

所得が平準化されている人と、はなはだしい波がある人です。

この二人の所得税、2年間の合計を比べたとき、同じであれば双方丸く収まる。でも、実は後者、つまり所得に波のある人のほうが、圧倒的に多くなるんですね。その差は、およそ1・5倍！

2年間の所得は同じなのに、2年間の所得税では大きな差が出てしまうのです。

つまり、所得に波のある人は、所得税の世界では不利（税金が多い）なのです。

でも、これは累進税率のなせるわざ*で、仕方がありません。

＊累進税率のなせるわざ――所得500万円の税率は20％。同じく1000万円のそれを仮に30％とすると、次のようになります。
●所得が平準化されている人の所得税
500万円×20％＝100万円。それが2年続くので、合計200万円。
●所得に波のある人の所得税
1年目➡1000万円×30％＝300万円。2年目➡なし。合計300万円。

◆波の多い職業➡作家、漁師

でも、それは不公平なんじゃないか。

仕事柄、本人のがんばりではどうしようもない部分もある。波のある所得をどうにかしてあげよう。

こんな観点から、特定の仕事の人について、所得をある程度平準化するしくみ（＝特例計算）があります。それによって、税率の累進性がうすめられて、極端に不利なことにはならなくなるわけです。

その特定の仕事というのが作家（原稿料や著作権による所得）であり、漁師（漁獲による所得*）なんですね。

作家にしろ、漁師にしろ、所得の波が大きそうなのは、容易に想像できます。一発当てたら大きい作家。言うことを聞いてくれない魚群相手で浮き沈みが激しい漁師。

こういうわけで、作家と漁師は、税金の世界では同じ仲間。仲間たちにしか認められていない所得税の特例計算があるのです。

＊漁獲による所得――「漁獲による」とは、魚を獲ること。ただ、漁獲からは、ワカメ漁、コンブ漁は除かれます。なぜなら、これらは魚ではなく、「水産植物」だから。それはなんとなくわかります。でも、海苔の採取による所得には、この特例計算が認められています。つまり、ＯＫ。ワカメと海苔の違いはなんでしょう。実は、海苔の採取は特に変動が著しく、浮き沈みが激しいことから特例計算の対象なのです。

もし、あなたの所得が1億円なら――

81ページで、最高の税率は所得が4000万円を超えたときの45％だと紹介しました。

ということは、あなたの所得がもし1億円（！）だったとすると、所得税は4500万円になるはず。

でも、そうならない。もうすこし少ない。

なぜ、4500万円にならないのでしょうか？

それは、所得税の約束が「超過累進税率」だから。

んっ？　どこかで聞いたことがある言葉ですよね。81ページに似た言葉が登場しています。

「累進税率」です。

実は、それは正確な表記ではなく、正しくは「超過累進税率」。

超過（⬇超えた分だけ）累進する（⬇だんだん高くなる）税率です。

最高の45％にたどりつくまでに、5％、10％、20％……と、いくつもの段階があります。

ある金額までは5％を掛けて、それを超えて次の段階までの金額には10％を掛けて、それぞれの段階の税金を合計するというのが、超過累進税率です。

税率は「全体に」掛けるのではなく、「それぞれの段階に」掛ける。だから、所得が1億円で

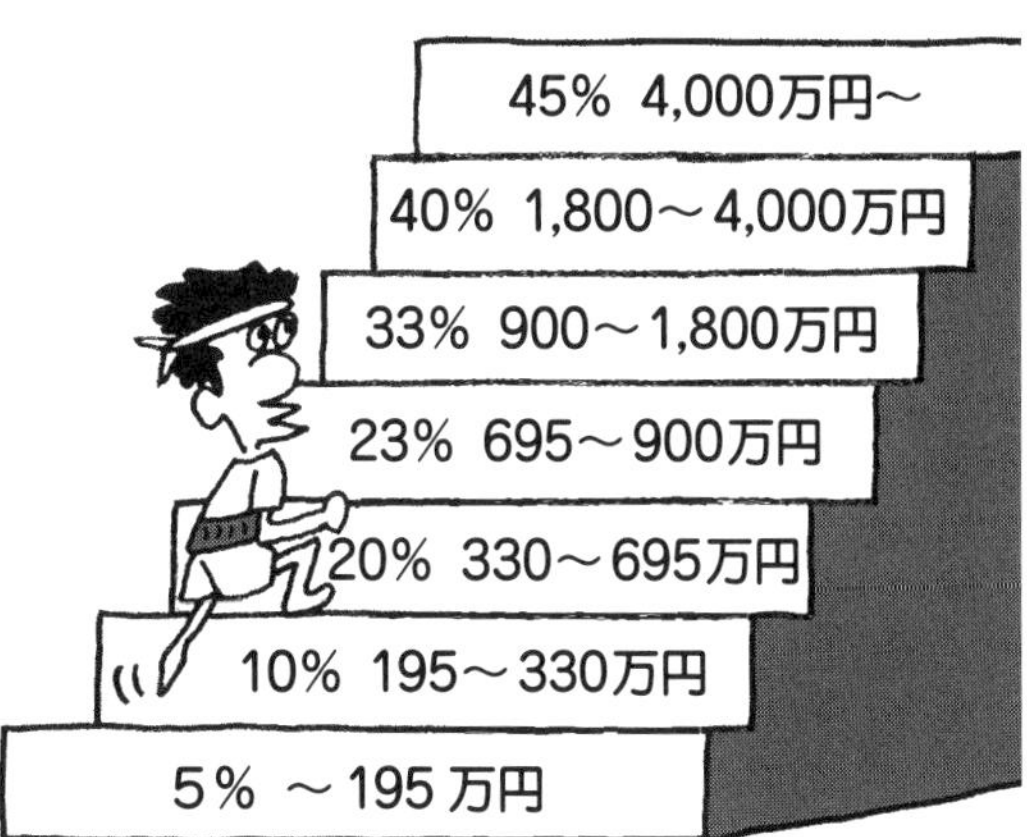

それぞれの段階で、あてはまる税率を掛け算した合計が、その人の所得税

も、所得税は４５００万円にはならないというわけ。

で、所得1億円であるあなたの所得税はいくらかといえば——。

およそ４０００万円。* イラストの段階ごとに、それぞれの税率を掛けて、それらを合計した金額です。

＊1億円に対する所得税は、およそ４０００万円——
正確には、４０２０万４０００円。さらに正しくは、これに東日本大震災からの復興のための税金（所得税の２・１％＝84万４２００円）が足されるので、〆て４１０４万８２００円になります。

5

俺たちに明日はない

5時をすぎたら郵便局へ走れ

確定申告をする人

所得税の確定申告の期限は、毎年3月15日です。

その日までに、前年分の確定申告書を税務署へ提出しなければなりません（ただし、その日が土曜日、日曜日にあたるときは、週明けの月曜日まで延びます）。

でも、いろいろあって、税務署が開いている時間内に申告書を出すことができない。こんな、3月15日の午後5時までに税務署へ申告書を持って行けない人のために、その日に申告したことになる2つの技を紹介しましょう。

3/15

明日がなければ、郵送または「時間外収受箱」への投函を

◆郵送する＝3月15日の消印をもらう

確定申告書を郵送したときは、その消印の日付で提出したことになります。税務署に申告書が到着した日ではありません。

したがって、3月15日中に郵送の手続きができれば（＝3月15日の消印をもらえれば）、その日に提出したことになるというわけです。

郵便局は午後7時、あるいは局によってはそれ以降の時刻まで受け付けているところがあります。

とにかく、めざすは「3月15日の消印」です。

ただし、この場合の「郵送」には、ゆうパック、ゆうメールでの送付は含まれないので、ご注意を（「郵送」にならなければ、到着日が提出日です）。

◆税務署の時間外収受箱に投函する

税務署には、無人受付機ならぬ「時間外収受箱」があります。その存在はほとんど目立ちません。でも、確かにあります。

その名のとおり、税務署が閉まった後に提出される書類を受け付けるための箱です。その箱に投函すれば提出したことになります。

いつまでに投函すれば、3月15日に申告したことになるのでしょう？　それは、税務署の人がその箱を開けるまでに。

では、いつ開けるのでしょう？　日付が3月16日に変わった瞬間に開けることはないでしょうねえ。

普通、朝出勤してから開けると思われます。何時に来るかはわかりませんが……。

＊＊＊

ご紹介した方法、どちらにしても、そのままでは手元に申告書を出した証拠が残りません。

必ず控えの書類と返信用封筒を同封しましょう。そうすれば控えの書類が税務署から手元に届きます。

返信用封筒には、切手を貼ることもお忘れなく。

◆ネットで申告すれば——走ることないぞメロス

ここまでは、申告書を紙で提出するときのお話。

「e-Tax」、ご存じですよね。正式名は、「国税電子申告・納税システム」。インターネットを通じてできる確定申告です。

e-Taxには、紙の申告書にはないメリットがあります。

メロスは焦燥した。

必ず、この申告書を提出しなければならぬと決意した。申告期限の今日、3月15日に提出するのだ。遅れは許されぬ。夕方の5時までに税務署の窓口に提出するのだ。

メロスは単純な男だった。その頭には、郵送も時間外収受箱も、ない。

提出あるのみ。ただその一事だ。走れ！　メロス。

メロスは黒い風のように走った。
懇親会の参加者たちを仰天させ、犬を蹴とばし、小川を飛び越え、少しずつ沈んでいく太陽の、十倍も速く走った。

ところが、

そのころ、竹馬の友、セリヌンティウスは自宅にいながらにしてe-Taxで申告しているのであった。

e-Taxは「いつでも。どこからでも*」。

最大のメリットは、出かけなくていいということ。パソコンやスマホから確定申告するわけですから、当たり前ですけど。

確定申告の期間中は、24時間データの受け付けをしています。3月15日の24時までにデータを送信すればOKです。

そのほかのメリットとしては――

↓添付書類を省略できる

紙の申告では出さなければならない書類も、e-Taxなら提出不要の場合があります。書類は自宅保管でOK。ただし、税務署から「見せてね」と言われることがあるので、5年間は捨てたらダメですよ。

↓還付金の振り込みがスピーディ

紙の申告書を出す場合に比べて、還付金が早く振り込まれます。

➡青色申告特別控除が10万円アップ

青色申告の個人事業主には、「青色申告特別控除」なる控除があります。控除の最高額は55万円。それが、e-Taxで申告することにより、10万円アップの65万円になります。

e-Taxにはメリットもある一方、デメリットもあります。その最たるものが、事前準備にある程度手間がかかるということ。とはいえ、それは最初だけです。慣れてしまえば、もう紙の申告書には戻れませんよ。

＊**いつでも。どこからでも**――もちろん、これはイメージ。e-Taxにはデータを受け付けていない時間がありますし（本文にあるように確定申告期間中は24時間受け付けですが）、インターネットがつながらなければ申告はできません（当たり前）。

6 〈住民税〉都市伝説

「安いところ」と「上がっていく」税率はなかった

所得のある人すべて

個人が、所得に応じて毎年納める税金には、所得税と住民税*があります。
所得税は国税なので、納付先は国（税務署）。
一方の住民税は、都道府県や市町村などの地方自治体に納める地方税です。
住民税について、こんな風に考えていませんか。
住民税は、住んでいるところによって税率が違う。
住民税は、お金持ちほど（所得が高いほど）税率が高い。
この2つ、実はどちらも都市伝説。

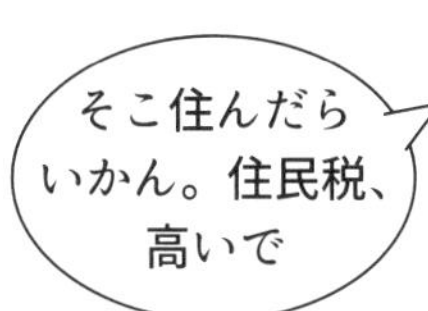

***住民税**――市・県民税のこと。※市は町村であったり、県は都道府だったりします。

恐怖の〇〇市

某県と某県の県境に、〇〇村という寒村がある。いや、あったと言うべきか。その村は合併で消滅し、いまは××県〇〇市。

その地には因縁がある。昭和の初年、すなわちいまから90数年前のことである。その名が全国に喧伝されるような、一大不祥事件が起こった。

それは実に酸鼻を極めた、世界犯罪史上類例がない事件であった。

そして、事件以来、その地に新しく居を構えた家には、深夜になると、懐中電灯の角を生やした鬼が来るとうわさされるようになったという。

以上が、〇〇市に関して語り継がれる恐怖伝説である。

ところが、歴史は繰り返すとでも言うのであろうか。近年になって、〇〇市に新たな伝説

が加わった。その恐怖の伝説とは、すなわち、
——住民税、めちゃ高い——。

○○市は住民税が高い。□□市は安い。たまに聞く話です。

○○市は大きな会社がないから、税収は個人の住民税が頼り。だから高い。□□市は、公営ギャンブル施設があって裕福。だから、安い。

こう言われると、納得してしまいますよね。

でも、それはちょっと違います。なんとなく信じてしまう、一種の都市伝説みたいなものなんですね。

住民税の税率は、全国一律で10%。どこでも同じです。ほんのわずかな例外*を除いて。

ですから、自分は高い税金を納めているんじゃないか、なんて心配は無用。安心して（?）住民税を納めてくださいね。

***ほんのわずかな例外**——ほんのわずかな例外のひとつが神奈川県です。神奈川県では、水源環境保全・再生のため、税率の上乗せ（プラス0・025%。100万円で250円）がなされています。

伝説のスラッガー

かつて、わが国のプロ野球界に、伝説のスラッガーがいた。

彼は、3度三冠王を獲得し、45歳まで現役であり続けた。そのスラッガーは「オレ流」を貫きとおし、球史に名を残した。

その彼に名言がある。

「年俸が9000万円でも1億円でも、手取りはそんなに変わらない。増えた分はほとんど税金だから」

新たな伝説が生まれた瞬間である。

その伝説とは、すなわち、

——所得が増えると税率が上がるので、手取りはそんなに増えない——。

所得が増えると、税率が上がっていく。これは、伝説じゃなくて「常識」でしょうか？

84ページで紹介したとおり、所得税は超過累進税率。所得が上がれば、それに応じて高い税率が適用されていきます。

あまり考えたことはないけれど、住民税だって、きっとそう。税率は上がっていくに決まっている。同じように個人が所得に応じて納める税金だから。

こう思うのは無理もないところ。

でも、住民税の税率は、所得が増えても10％[*]です。いくら所得が増えても、税率は上がりはしません。100万円の人も1億円の人も、同じ10％の税率が適用されるのです。

これについては、例外はありません。

ですから、安心して（?）住民税を納めてくださいね。

住民税の税率は上がっていかない。所得に関係なく、誰でも10％。それはどこに住んでいても変わりません（ただし、住んでいる場所によってほんのわずかな例外あり）。

すなわち――、

＊**住民税の税率は、所得が増えても変わらない**――以前は、住民税の税率も超過累進税率でした（所得税に比べれば、段階は緩やかでしたが）。現在のように、上がっていかなくなったのは、2007年度（平成19年度）からです。

「一律？」というと、
「一律」っていう。

「全国どこでも？」というと、
「全国どこでも」っていう。

「上がらない？」というと、
「上がらない」っていう。

そうして、後で納税通知書をみて、
「でもおたく、ほかと比べてほんのちょっとだけ高くない？」というと
「実はうち、ほかと比べてほんのちょっとだけ高い」っていう。

こだまでしょうか、
いいえ、神奈川。

❖ 第3章

やらかし男の印紙税

税務調査がよくわかる5話

1

誰もが避けて通れない
〈税務調査〉は、お願いしてもほかをあたってくれない

対象 すべての会社

こころよく（?）
迎えよう

税務署にノルマはあるか？

会社を経営している限り、避けて通れないのが税務署の税務調査。

あなたの会社は正しい申告をしているはずです。実際、なにかうまいことやって、税金をどうにかしちゃおうなんて考えている社長は、まれ中のまれ。

それでも、税務署はやって来ます。税務調査はある程度、定期的に実施されると思っていたほうがいいでしょう。

よく、世間では税務署の人にはノルマがあるように言われていますよね。

曰く。一人一人に年間いくらいくらという追徴の税金のノルマがある。だから、追徴の税金（「おみやげ」という言い方をする人がいます）を取るまで粘る。粘る。

ノルマについて税務署ＯＢの同業者に聞いたことがあります。すると、

「調査する件数のノルマはある。でも、追徴の税金についてのノルマはない」

ん？　そうなのね。世間でいうところと違うのね。じゃあ、ノルマなし、ということで。

とはいえ、実績ゼロの人よりも、追徴の税金を多く取る人のほうが「できるヤツ」として出世していくことはあるんでしょうけれどね。

あっ、もしかしてそういうのをノルマって言うのかな。

***自爆営業**——営業職がポケットマネーで自社商品を買い、自らの成績を上げる行為。おもにノルマ達成のために行われる。

真相はやぶの中、という感じになってきました。でも、まあ、4コママンガにあるような気遣いは不要です。

ということで、コミックエッセイ風税務調査きほんの「き」。

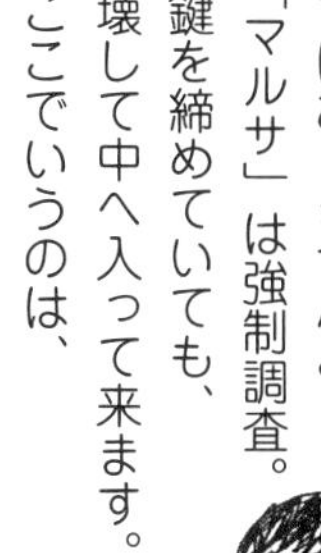

実は、任意といえども——残念ながら拒否は難しい。会社には、税務署の人の質問に答え、検査を受ける義務があるのです。

任意？なら、お断りしちゃおっかなあ

なので、いろいろ申し立ててもムダ。

いや〜、うちもいろいろあってたいへんなのよ。いや、ほんと。長女は高校生だけど、ほら、まあそういう年ごろじゃん。話しかけると、黙っててなんて言われちゃうし。下は男だけど、おれに似ずよくできてね。女房の血筋かな。女房のおやじさんは大卒だから。ちょっと年が離れていてまだ小学生なんだ。今度の日曜はポケモンの映画行ってそれから自転車の練習だよ。女房とはまあうまくやってる。あいつには苦労をかけてるよ。いつかゆっくりと旅行にでも行けたらいいね。一緒に風呂に入りたいし。最近おれも涙もろくなってきたよ。いろいろ経験するとね。ほら、なんでもないことにグッとくることってあるだろ？まあ、いろいろあるわけだ。人生いろいろ

……そんなこんなで、税務調査の件、悪いけど、ほかあたってくれる？

➡ほかあたってくれない。

こころよく迎えましょう。

いけないのは、節税？脱税？それとも、脱毛？
せつない……
じょり

普通は、事前に電話連絡があります。
税務調査に伺いたいのですが

税理士に申告を依頼しているときは、まず税理士に。その後、税理士から連絡が来るという流れです。

★そうでないときは、直接連絡が来ます。

税務署が示してきた日程の都合が悪いときは、

その日はあいにくと、○○○○の予定があって……

変更をお願いすることは、まったく問題ありません。

気になるのは、調査の目的です。なぜウチなのか？なぜウチに来るのか？申告になにか問題があったのか？

実は、この質問には明確に答えてくれません。

通常は2日間、

時間は10時から夕方4時が一般的です。

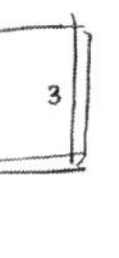

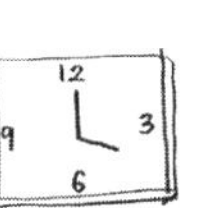

さて、当日まずは、事業内容の聞き取りから始まります。仕事の内容、受注方法、入金の流れなどを尋ねられます。

その後は、帳簿のチェックです。

直近の年度から調べ始めて、過去にさかのぼっていくのが一般的です。

さかのぼるのはだいたい3年。

ということは、当然、3年前のことを聞かれることがあるわけで……

すぐに思い出せません。

さて、どうしましょう？

A案

あっしには関わりのねえことでござんす

B案

昨日？
そんな昔のことは忘れた

ケ・セラ・セラ

C案

明日のことは誰にもわからないのよ

← 予想される反応

「関わりがあるから聞いているんですけど……」

「聞いたのは、昨日のことじゃないです」

「明日のことでもないです」

聞かれたことがすぐに思い出せなかったり、記憶があいまいなときは、
確認して、後でお答えします
正解
2日目も夕方になってきました。
税務署の人が、2日間を振り返って、問題点を指摘してきます。
まず、1枚目
そんなにあるんですかい？
★もちろん、指摘事項なし、ということだってあります。
指摘に納得できれば、修正申告。

その場合は、追加の税金と、それに伴う加算税や延滞税（利息）も納めることになります。

納得ができなければ、別の流れに。

更正だと～!?よしっ、国税不服審判所に審査請求だ！
★詳しくは、「5　税務署に文句を言ったらこうなった」で。

最後に補足。

税務調査は、お昼の時間帯をはさむので、まれに食事の心配をする方がいます。

せっかくいらしたんだし、食事くらいお出ししたらどうなんだい？

その気持ち、わからなくもありません。でも、

けんもほろろ～
取りつくしまなし！

結構です

ぜ、ぜひ一緒に食事でも……

こうなるので、用意は不要です

3時のおやつを断わられたこともありました。会社の人がシュークリームを出したところ、それはちょっと……と手をつけず。

シュークリームで歓心を買って、どうにかしてもらおうなんて気はまったくないのに……

もしかしたら、シュークリーム依存症の人で、禁シュークリーム中だったのかな（皮肉）。

3時のおやつ、シュークリームなどいかがかなと……

お主もワルよのう

税

おやおや、これはいけません。

2 耳にタコ「コピーお願いできます？」

要求されたら、請求しよう

対象　近いうちに税務調査がある会社

税務調査では、請求書やら領収書やらのコピーを要求されることがよくあります。

なんでもかんでもメモというわけにはいかないし、会社には、たいていコピー機という便利な機械もある。「これ、コピーお願いできます？」。こう言いたくなるのはわかります。*

とはいえ、あまりにもその量が多いときは――。

* **「これ、コピーお願いできます？」というお願い**――本来、これはおかしいことです。要求された資料は提示しているわけで、そのコピーを渡さなければならない義務は会社にありません。とはいえ、税務署の人は当たり前のように要求してくるし、会社も疑問を持たずに応じているのが実態です。

コピーだってタダじゃない

税務調査のときに取るコピー。ある程度の枚数なら仕方ありません。

ところが、これもあれもと、かなりの枚数のコピーを要求されることだってあるんですね。

あまりにコピー、コピーというので、クレームをつけたことがあります。

ところが、税務署の人、しばらく経ってから書類を手にして、（神妙な表情で）「また怒られるかもしれませんけど……これ、コピーお願いできますか？」

なんでもかんでもコピー、コピー言いやがって。おれはおまえのためにコピーを取るコピー鳥（取り）じゃないいんだぜ！　コピーだってタダじゃないいんだしよ。

こう思う人もいるでしょう。

実は、コピー代は税務署に請求して構いません。

気を悪くさせないかな。今後の調査の成り行きに悪影響があっても困る。コピー代を請求しても、所定の書式があって、請求から承認、支払いまで数カ月かかるんじゃないだろうか。いろいろなことが頭をよぎります。

でも、心配無用。

その場で、普通に支払ってくれますし、コピー代なんか請求しやがって、といじわるされることもありません。

そのことをある社長に話したら、「よし、今度税務署が来たらコピー1枚1000円請求してひと儲けしようじゃないか」。

もちろん冗談。そういうわけにはいきません。請求できるのは、実費として常識的な金額に限られます（当たり前）。

コピー枚数の水増し請求もダメですよ（これもまた、当たり前）。

そして会社の収入にするのをお忘れなく。

コピーを取るのは誰？

コピーをお願いされるということは、コピーを取るのは会社の人。税務署の人もその前提のはずです。

なんでもかんでもコピー、コピー言いやがって。おれはおまえのためにコピーを取るコピー鳥じゃないんだぜ！（↑再掲）コピー機の使い方を伝授するから、ひとつおたくが自分でコピーを取ってくれるかい。

こう言いたい気持ちもわかります。でも、ここはグッと抑えて、会社の人がコピーしましょう。そのとき大切なのはコピーを2部取ること。1部は会社の控えとします。

会社にもともとある書類なのに、なぜそんな面倒なことを？

もちろん、税務署の人がどんな書類のコピーを持ち帰ったかを記録として残すためです。

コピーした書類を根拠にして、税務署がなんらかの指摘をしてくることは十分考えられます。それに対応するためにも、どの資料に基づく指摘なのかをハッキリと知っておく必要がある。そのためのひと手間なのです。

3

〈たな卸資産〉なかったことの証明が悪魔の証明

あったことの証明が悪魔の手法⁉

モノを売っている会社

「たな卸資産」とは、在庫のこと。売れないで残っている商品や製品、原材料などです。それらは、将来お金になるので会社の資産。あったのに決算書に載っていなければ、申告もれになってしまいます。

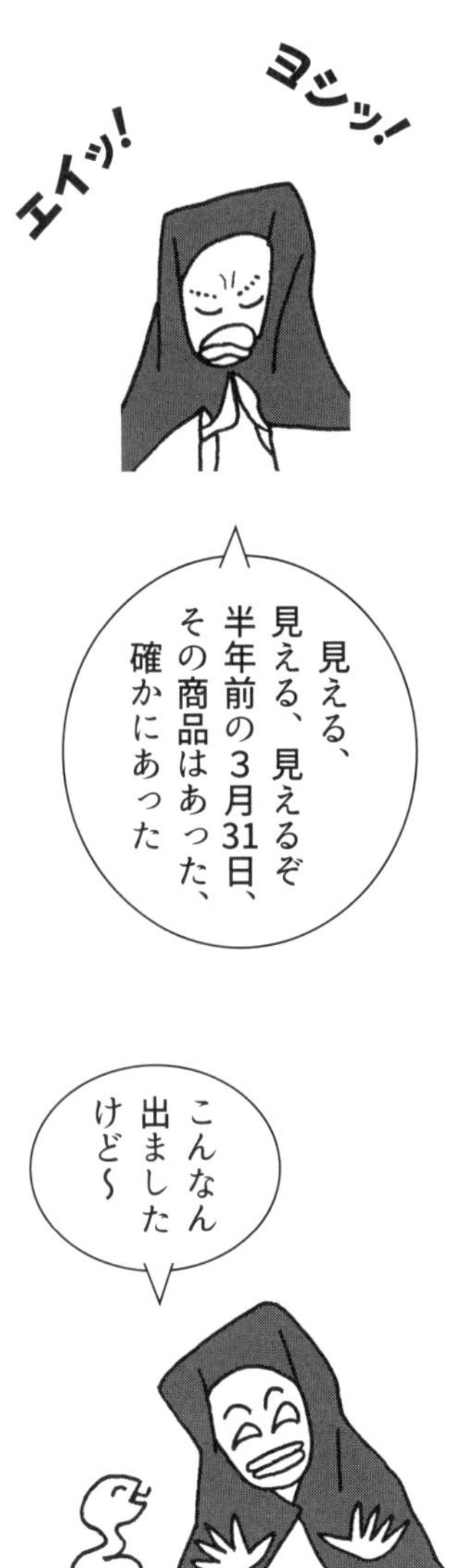

ヨシッ!
エイッ!
見える、見える、見えるぞ
半年前の3月31日、その商品はあった、確かにあった
こんなん出ましたけど〜

「あったよね」。あっさり覆された〝悪魔の証明〟

税務調査での「たな卸資産の計上もれ」という指摘。実は、定番と言ってもいいほど、よくある修正申告の理由なんです。

あなたの会社が3月決算だとしましょう。税務調査は秋頃にやって来ることが多いはず*。そのとき、税務署の調査官が指摘してくる場合があります。在庫が決算書に載っていないことを。半年前の3月31日にその在庫があったはずだということを。

なぜ、そんなことがわかるのか。見てもいないのになぜわかるのでしょう？

＊＊＊

税務署の人（以下、税） この商品、3月末にあったはずなんですけど、決算書に載っていませんね。

社長（以下、社） んっ？　載ってない？　じゃあなかったんじゃないの？　ちゃんと数を確認しているから。

税 あったはずなんですけど（口ぶりとは違い、結構自信満々）。

社 なかったと思うよ。でも、証明はできないなあ。存在しなかったことの証明になるからね。

それは、悪魔の証明でんがな（半年前のことがなぜわかるんだい？　こちらも結構自信満々）。

税　いや、実は――。

＊＊＊

いや、実は、と税務署の人が語るには――

「4月の初めに、指摘した商品の売上伝票があるんです。ということは、3月末にはその商品はあったはずですよね。3月に仕入れていることはハッキリしているんで……。だとすれば、決算書に載ってなきゃおかしい。売れたのは年度が変わってからですから。たな卸資産の計上もれですね。修正申告をお願いします」

悪魔の証明は、「あった」と主張するほうがそれを明らかにした時点で、悪魔の証明ではなくなります。あっさり証明されてしまいましたね。3月末に存在したことが、「あった」と主張する税務署の人によって。

税務調査では、このような手法で（つまり、調べている年度の翌事業年度の資料から）、たな卸資産の計上もれを指摘してくることがよくあります。

こう言われたら仕方がない。

決算が終わってから半年も経っているのに、たな卸資産の計上もれがわかる。なんて不思議なことだろうと思いきや……それには、こんなカラクリがあったのです。

まさに、悪魔の手法（↑そんな大げさな!?）。

たな卸資産の計上もれには、ご注意を。

＊税務調査は秋頃に多い――3月決算の会社に限らず、税務調査は秋に多い。理由は、税務署の年度と関係があります。税務署の年度は7月から翌年の6月までで、次のような傾向にあります。

・7月～8月：新年度。人事異動もあります。新たな体制で、調査先を選定することなどに時間を費やし、また夏休みも重なることから、調査件数は少なめ。

・9月～12月：選定した会社を調査。最盛期。

・1月～3月：所得税の確定申告対応で忙しい。税務調査は小休止。

・4月～6月：年度末が見えてくるこの時期、新年度まで案件を持ち越したくない。こんな事情があり、新たな税務調査は控えられる傾向にあるようです。調査件数は少なめ。

4 チェックされるは契約書

印紙は、貼っていないと税金が3倍になる

契約書を作成する会社

税務調査のときは、取引内容の確認のために契約書がチェックされます。

そのとき、印紙が貼ってあるかないかも一緒に確認されます。印紙は、貼ってあるかないかがすべて。言い訳は通用しません。

もし、貼ってないときは、本来貼るべき印紙の3倍の税金が追徴されるのでご注意を。

やらかし男の印紙税

【場　所】居酒屋の個室
【登場人物】K▼中小企業の社長
A▼Kの親友。中小企業の社長。経営する会社は最近税務調査を受けた

＊＊＊

K　久しぶり。最近なにか変わったことあったかい？
A　変わったこと？　そういえば税務調査があったよ。
K　ほう。またなにかカン違いやらかさなかったかい？
A　それがさ、「○○の契約書ありますか？」と言うからさ。出したんだよ。そしたら違うって。
K　違う？
A　会社の定款出してたよ。似てるだろ。
K　やらかしたな。君は昔からカン違いが多いからな。
A　で、あらためて契約書を見せたらさ、貼ってなかったわけよ。印紙が。

K　印紙は貼ってあるか、貼ってないかだからな。

＊　＊　＊

税務調査では、取引内容の確認のために契約書がチェックされます。そのときに、印紙が貼ってあるかどうかも確認されます。

＊　＊　＊

A　印紙といえば、この間ラーメンを作ったら表面が真っ黒になっちゃってさ、びっくりしたよ。具に乾燥ワカメひと袋入れたのがよくなかったみたいでね。

＊**印紙が貼ってある**――印紙の世界で「貼ってある」とは、文字どおりの意味だけではありません。印紙と消印。この両方がそろって初めて、「印紙が貼ってある（＝印紙税を納付した）」ことになります。消印（割印ともいいます）とは、印紙と文書をまたぐように印鑑を押すこと。消印の目的は、印紙の再使用を防ぐことにあります。したがって、その目的を達成できるのであれば、契約者どちらか一方の割印で大丈夫です。

K　ひと袋って、一気にかい？

A　ああ。後で袋を見たら10倍に増えますって。よくあるだろ、そういうこと。

K　いや、あまりないが。

A　乾燥ワカメは、ひとつまみでいいね。

K　カン違いが多いうえに、そそっかしいな。印紙はどうした？

A　印紙は貼っていないと、後で納税額が3倍になるらしいんだよ。ショックだったよ。

K　そりゃ、ショックだな。

A　うん、でもさ……。

K　でも、なんだい？

A　でも、乾燥ワカメが10倍に増えて、ラーメンが真っ黒になることに比べれば、まだいいかなって。

K　君はそそっかしいけど、相変わらず楽天家だな。

店員　はい、今日のお通し、ワカメときゅうりの酢の物。期間限定キャンペーンで、ワカメ20%増量中です。

A　ワ、ワカメ増量!?　トクした気しないなあ……。

貼るべき印紙を貼っていないときは、「過怠税（かたいぜい）」という税金が追徴されます（「怠けすぎた税金」とは、なんという命名……）。

過怠税は本来貼るべき印紙の3倍。*納付した過怠税は会社の経費になりません。怠けすぎたからですかね。

3倍も納めたのに……。

印紙の貼り忘れにはくれぐれもご注意を。

＊　＊　＊

＊過怠税は3倍——「印紙税不納付事実申出書」という書類を提出することで、3倍➡1・1倍に軽減されることもあります。

印紙と切手、貼り間違えて一日仕事——カン違いにはご注意

たとえば、封筒に切手を貼るとき。同僚と雑談をしながらついカン違いで印紙を貼ってしまう。こんなことだってあるでしょう。

カン違いに気付いたら——まあなんとかなるさ、などと投函してはダメです。そんなときは、まず税務署へ。

税務署では、その封筒に「印紙税法第14条不適用確認」なる押印をしてくれます。

押印をもらったら、今度はそれを持って郵便局へ。郵便局で手数料を支払って、封筒に貼った印紙と同額の新しい印紙に交換してもらう。それでようやくカン違いによるミスを取り返したことになります。

いや、それにしても長い道のりです。会社と税務署、そして郵便局の位置関係によっては一日仕事になるかもしれません。

というわけで、印紙は貼り忘れに注意。貼ったら消印の押し忘れに注意。おっと、その前に切手との間違いにご注意を。

5

税務署に文句を言ったらこうなった

3連敗に心が折れなければ、裁判所

税務調査を受けた会社

税務調査で指摘を受けた――。

その指摘に納得できればいいです。納得できないまでも、諸般の事情を考慮して（?）、まあ仕方がないね、こう思ったときは、修正申告をして追加の税金を納めれば調査は終わり。

でも、納得できないことだってあります。どうしても納得できないことが続くと、裁判ということになるわけで。

税務調査で指摘を受ける
申告書の
ここのところ、
おかしいから修正申告
してくれます？
なに〜、税務署が
そんなこと言ってきたか。
納得できん！
よしっ、
こうなったら——
なにもしな〜い
税務署、更正を打つ
この税金
納めろだと〜!?
よしっ！
国税不服審判所に
審査請求だ！
わなわな

訴訟に至る物語

国税不服審判所、調査・審理を経て
合議体による議決
※合議体の構成員が十分意見を述べ合い、公正妥当な結論に到達するよう議論を尽くし、構成員の過半数の意見によって議決を行います。

国税不服審判所、議決に基づき裁決。
※軍配が税務署に上がり、それに文句があれば、舞台は裁判所へ。

◆税務調査で申告内容への指摘を受ける
指摘を受けるとは、修正申告してくれと言われること。
修正申告をするとは、自らの意思で申告のやり直しをすることです。

修正申告をすると、それで税務調査が終わります。でもそのかわり、もう税務署に文句は言えません（文句を言うことを「不服申し立て」と言います）。

自分の意志でしたことを、後になって当の自分が文句を言うなんてヘン。ですから、修正申告に対して不服申し立てができないのは、当たり前です（人生では、自分でやったことに自分で文句を言いたくなることがしばしばあります。でも、それはまた別の話）。

修正申告をすると、それによって増えた税金はもちろん、やり直しに対する加算税や利息に相当する延滞税などを納めなければなりません。

一方で、修正申告をしなければ、不服申し立てをする道は残ります。

◆社長、納得できず。でも、なにもしない

税務署の指摘に納得できなければ、修正申告はしません（当たり前）。

申告のやり直しをしないわけですから、じゃあなにをするかといえば、なにもしない。文句を言うわけでもなく、なにもしない。会社としてはその件をほっぽるわけです。

◆税務署、更正

ほっぽられた税務署は立場がありません。

そこで税務署は、「その件は違うって言ったじゃん。所得はこうで税金はホニャララ円になる。なぜなら……」と書面で通知してきます。これが「更正」です。俗に「更正を打つ（打たれる）」と言います。

◆社長、まだまだ納得できず

更正を打たれ、それに納得できなければ、不服申し立てです。具体的には、「調べ直してくれる?」というお願いをします。誰にお願いをするかといえば、道は2つ。

ひとつは、税務署。同じ税務署にもう1回調べ直してもらいます。この場合、調べ直すのは前の担当者とは別の人です。同じ人が来たら、前と同じ結果になるのが目に見えていますからね。

もうひとつは、税務署じゃ話にならんということで、前述の国税不服審判所なる別の役所*に調べ直してもらう道です。

国税不服審判所へは、直接でもいいし、別の道、つまり税務署に調べ直してもらってからでも構いません。

一方、更正を打たれたタイミングで、出し抜けに税務署の言っていることに納得すれば（納得しないまでも、話を収めたければ)、更正の内容にしたがって税金を納付します。

これで調査は終了。

そういったこともなきにしもあらずです。


*国税不服審判所なる別の役所――皆さんご存じの……ではない、ちょっと知名度の低い役所です。税務署に文句のある会社と税務署の間に入って、お互いの言い分を聞き、相撲の行司よろしくどちらかに軍配を上げます。公正な第三者「的」機関といわれています。「的」すわなち、「の・ようなもの」。行司役なんだけれど、国税不服審判所はあくまで税務行政内部における一機関。したがって、第三者「の・ようなもの」という位置付けなのです。

◆国税不服審判所、税務署に軍配

国税不服審判所が、お互いの言い分を聞き、「税務署は正しい。会社の言い分は認められん」、こう判断したとしましょう。

軍配は税務署です。*

その軍配に物言いを付けたければ――いよいよ次は裁判。舞台が移ります。

＊　＊　＊

裁判に至るまでの道のりをあらためて振り返れば――

まず、税務調査で間違っていると言われ（初戦黒星）、もう1回ほかの担当者に調べ直してもらったけどダメ（2敗目）。次に、国税不服審判所に言い分を聞いてもらっても認められず（3連敗）。

3連敗（税務署で調べ直してもらわなければ2連敗）しなければ、訴えを提起できない。これが税金の世界のお約束なんですね（これを格好つけて言うと「不服申立前置主義」と言います）。

***軍配は税務署**――軍配は税務署ではなく、会社に上がることだって、もちろんあります。その割合はだいたい10%前後。そうなったとき、税務署は国税不服審判所の軍配に物言いを付けられません。つまり、税務署が敗れた件については、訴訟にはならないというわけ。なぜなら、国税不服審判所の軍配は行政部内における最終判断。それに対して、同じ行政部内の税務署が文句を言って裁判を起こすなんて、まるで家族のケンカに警察を呼ぶようなもの。裁判所だって困ってしまいますから。

会社に軍配！

こうなったら、税務署は引き下がるしかない（ここから先はありません）

第4章

社員旅行がひとり旅だと、税務署になに言われるかわからない

会社の税金に精通する6話

1

脱税工作人X氏への手数料は経費になるか？

最高裁「ダメ」

対象 脱税工作人X氏に手数料を支払った男

とある男。

男は、脱税工作人X氏に仕事を依頼し、ウソの領収書を手に入れました。うむ。これで税金が少なくなるわい。満足した男は、X氏とある約束を交わしていたことを思い出しました……。

男は、適正な対価を支払った

その約束とは――、そうそう、手数料を払わなくちゃ。

男は、脱税工作人X氏に手数料を支払う約束をしていたのです。男は支払いをし、律儀にも領収書をもらいました。この領収書は、正真正銘の領収書です。

では、ここで問題。X氏に支払った手数料は、経費になるのでしょうか。

X氏に作ってもらったウソの領収書は、もちろん経費になりません。

領収書だけあっても、それがウソなら経費にならないのは当たり前です（脱税工作が許されるものでないのも当たり前）。

一方、脱税工作人X氏に対する手数料の領収書には、事実の裏付けがあります。

まず、男はX氏に脱税工作を依頼し、X氏はそれを受諾しました。契約の成立です。

次に、男はX氏から脱税工作という役務の提供――成果物としてウソの領収書の引き渡し――を受けました。X氏の任務は完了し、仕事に満足した男は、手数料を支払いました。

もちろん、その対価は独立した事業者同士（つまり、利害が対立した者同士）の、需要と供給の中で成立した適正な価格です。

経費にして問題なさそうな気がします。

でも、倫理的には？

さて、あなたはどう思いますか。脱税工作人X氏に支払った手数料、経費になると思いますか。それとも……。


この問題については、実はすでに最高裁判所において答えが出ています。

答えは「ならない」。

なぜなら、ウソの領収書による処理は、公正妥当な会計基準による処理じゃないからダメなのは当然として、公正妥当な会計基準に反する処理のための支払いもまた、それを経費にすることは公正妥当な会計基準に基づく処理とは言えなくなるから、経費にならない。

ちょっとなにを言っているのかよくわからない。こう言いたくなるような文章になってしまいました。

要するに、いけないことのための支払いだからダメというわけです。

では、この男の場合は?

この男が税金の申告をするとき、*仕事に必要な手ぬぐい（頬かむり）や唐草模様の風呂敷（盗んだ金品を包む）代は、経費にならないということだろうか?

なんといっても、いけないことのための支払いだから。

しかしこの男は、悪徳大名家から盗んだ金品を、貧しい人々に施していたという。

となると、男のやっていることは「善」ともいえる。

とはいえ、この場合の善悪は、会計とはまったく無関係な世界での話です。

もし、手ぬぐい代の経費算入に関して訴えられたら、最高裁の判断はいかに?

***この男が税金の申告をするとき**——どろぼう（個人）も税金の申告をする必要があるのでしょうか?「所得税基本通達」（法律ではないけれど、実務は通達なるものにより判断されることが多い）にはこうあります。「『収入金額とすべき金額』は、その収入の基因となった行為が適法であるかどうかを問わない」。つまり、盗みによる収入にも税金はかかる（申告義務あり）というわけです。

2 家族だけの会社だって社員旅行がしたい！

社員旅行「の・ようなもの」？——税の世界のモヤモヤ問題2

家族だけの会社の皆さん

不都合な真実 2

税金にはモヤモヤしたことが多くて、申告のときに迷うよ

ねえねえ、なにかない？ネコ型ロボット！

これはどう？「是認(ぜにん)ガメ〜」

この是認ガメの言うとおりに申告すれば、必ず是認*されるんだ。もうモヤモヤすることないよ

なるほど！そいつはいいや

やること遅くて終わらないよ〜

申告期限すぎちゃった。困るな〜

もう〜カメだから

ダメだ、こりゃ

＊是認とは？——税務署が申告内容を認めること。修正する必要なし、ということです。

ダメじゃないけど、よくもない。結局は「総合的に勘案」？

社員旅行は、要件を満たせば、会社の経費になります。

＊＊＊

とある会社。

夫が社長で、妻が平の取締役。息子が従業員。家族三人だけの会社です。

日本の中小企業の中で、こういった会社は珍しくはありません。

もし、この会社が社員旅行をしたら……。もちろん、全員参加。会社名で請求書をもらい、領収書の宛て名もすべて会社だとして、この旅行にかかったお金は経費でいいんでしょうか。

ダメじゃないですよね。家族だけの会社の社員旅行は一切認めない、こんな決まりはもちろんありませんから。

じゃあOKかといえば、そうとも言い切れない。なんといっても見た目は家族旅行ですから。

でも、その旅行には研修や視察といった目的があるかもしれません。

ふだんは忙しいから、旅行でもしてじっくりと話そうじゃないか（もちろん、会社の業務についてですよ）。こういうことだってあるかもしれません。

「家族だけの会社だから」。ただそれだけを理由として、社員旅行はダメと言うんじゃ、いかにも杓子定規。

請求書や領収書の宛て名ウンヌンは、本質的な問題ではありません。

結局のところ、経費になるかならないかは、目的、行き先、会社の歴史的・文化的土壌つまり社風、過去の実績、旅行をするに至った経緯、時期、使った金額、会社の収益状況、旅行以外の問題点の有無（↑税務調査での指摘の場合）、規模が類似する同業他社の社員旅行の実施状況（↑わかるわけないけど）、社長の哲学・立ち居振る舞い（↑意外にもこれが大きなウェイトを占めるかも）、そのほかの特殊事情（直前まで家族以外の社員がいたけど、たまたまそのタイミングでは家族だけになったetc.）――、こんなあれこれを考え合わせて、その旅行ごとに判断するしかないんですね。

いわゆる「総合的勘案」です。

ですから、ほかの会社で家族だけの社員旅行が認められたからといって、じゃあ、おれの（私の）会社ももちろんＯＫ。決してこうはならないことに、ご留意を。

それにしても、こういうハッキリしないモヤモヤ問題は、どうにかならないんでしょうか。考えると夜も眠れなくなります。

では、次のケースはどうでしょう？　家族じゃないぞ……。

女性社員を狙っている社長、一計を案じ――、

社長　社員旅行を企画したんだけど……。これ「たびのしおり」。

女性社員　え〜、社員旅行って。うちの会社、社長と私の二人だけじゃないですか。それに、なんですか、豪華客船の旅、シュークリーム食べ放題って……。行き先は海外⁉ 現地で4泊5日⁉

社長　まあまあまあまあ、落ち着いてよ。ふだんは忙しくて会社の業務についてゆっくり話し合う時間もないだろ? 旅行して見識を広めつつ、会社の今後について話し合おうよ。場所が変わればいいアイデアも浮かんでくるさ。そのための社員旅行だから。あくまで。でも、さすがに社員旅行がひとり旅ってヘンじゃん。2分の1だから参加率はギリ50％以上だけど……。税務署になに言われるかわからないし。やっぱり君と一緒でなきゃ。

↑で、こうなった。
この旅行にかかったお金は会社の経費でOKだろうか?

＊**要件**——社員旅行が経費になる要件
1．日程が4泊5日以内であること（海外旅行の場合は現地での滞在日数）
2．参加率が全体の人数の50％以上であること

3 時限爆弾――社長からの借入金――はこう処理する

返す・いらない宣言・資本金にする

社長からお金を借りている会社と社長と、その家族

中小企業では、会社に社長からの借入金があることは珍しくありません（つまり、よくあるわけですね。ここでは「社長借入金」と呼びましょう）。

実は、社長借入金、いまはあってもいいかもしれませんが、将来やっかいなことになる可能性があります。

即日実行、無担保・無保証人、金利ゼロ%、返済期限の定めなしだって？
そんな借入あるんかいな。
いますぐ借りなぁ～

それは、社長、あなたが貸すんです

社長借入金に対する税務署の目、銀行の目

社長借入金について、社長が生きている間は、税務署がとやかく言うことはありません。悪質な脱税の隠れみのに使うなんてレアケースは別にして、そうでなければ、会社の利益に直接影響しない社長借入金自体には、税務署は興味がないはず。

では銀行の目はどうでしょう？

銀行は、ずっと塩漬けになっている社長からの借入金は、返さなくてはならない負債ではなく、返済不要の資本と見てくれることがあります。その場合、社長借入金は会社にとってマイナスになりません。

であれば、銀行からもとやかく言われない。

やっかいじゃないように思いますよね。

税務署と銀行は、中小企業としてはどうしたって気になる相手。その両者がそういう態度なら、役員借入金なんてほっぽっとけばいい。こう思いたくなります。

ところが――。

社長借入金は、時限爆弾（?）

社長借入金は、裏を返せば貸付金。当の社長本人にとっては会社に対して貸しているお金です。

ということは、もし社長が亡くなれば、それは遺産。つまり、相続税の課税対象になります。

遺族のものになった貸付金がすぐに返ってくるなら（すぐにお金になるなら）、相続税がかかるのもよしとしましょう（よしとしないまでも、一応納得はできます）。

でも、その可能性は低い。やっかいなのは、そこです。ずっと塩漬けになっていた貸付金。社長が亡くなった後、それをただちに遺族へ返せる余力が会社にあるとは思えません。

すぐに返ってくる可能性が低い（というか、現実的には可能性はほぼゼロ。ということは、お金が手に入らない）のに、それに対して相続税がかかってしまう。

やっかいですよね。

いまはいいけど将来困る。社長借入金は時限爆弾のようです。

時限爆弾を処理できるのは、社長が生きている間のみ。

できることは次の3つです。

その①〈返す〉

普通の方法。会社が社長に返済します。

●長所⇩王道、地道、堅実

●短所➡会社にお金がなければ返せない（当たり前。ただし、役員給与を低くして、浮いたお金を返済に回す手がある。その場合は、会社に利益が留保されるので、会社の税金が増える）。短期間で一気に解決するのは難しい。

その②〈いらないと宣言する〉

社長が会社に対して、「貸付金はいらない。返してくれなくていい」と書面で通知します。貸付金を放棄するわけですね。

●長所⇩手間がかからない。お金を用意する必要がない。その気になれば、一気に解決できる。
●短所➡放棄を受けた社長借入金は、会社の利益になる。その分、会社に税金がかかる。社長はもう返してもらえない（当たり前）。株価が上がることがある。親族株主に迷惑をかけることがある。

その③〈資本金にする〉

「現物出資」という方法により、社長借入金を資本金にする方法です。社長にとっては、貸付金が株式に変わります。

●長所⇩お金を用意する必要がない。会社の状況によっては、利益に影響しないため、無税でできる。その気になれば、一気に解決できる。

- 短所➡資本金を増やすので、登記が必要。手間と費用がかかる。金額によっては、「均等割」という税金が増えるなど、いろいろな影響がある。「債務の時価評価」というわけのわからないことに頭を悩ます。会社の状況により利益を増やすことがあり、そのときは会社に税金がかかる。株価が上がることがある。親族株主に迷惑をかけることがある。

このように、いくつかある社長借入金を減らす方法には一長一短があります。ややこしい税金のことが絡んでくるので、検討すべきことも多いです。

実行の前には、税理士に相談をおすすめします。

社長借入金の処理で、親族に迷惑をかける

会社には、あなた以外にも親族の株主がいるとしましょう。たとえば、奥さん。

あなたが、貸付金を「いらない宣言」または「資本金にする」ことで、会社の株価が上がることがあります。会社にとっては、借入金という負債がなくなるので、会社の価値がアップするのです（ただし、「必ず」ではありません）。

もちろん、奥さんが持っている株式の価値も上がります。

つまり、あなたがしたことで、奥さんの財産が増えるわけで、なんと（！）これが、あなたから奥さんへの贈与になる！

誰が思いついたか知らないけれど、言われてみればそのとおり。

贈与を受ければ、贈与税がかかります。

さながら、「風が吹けば桶屋が儲(もう)かる」のようです。

男　はい、これあげる
⬆
「自己の財産を無償で相手方に与える意思表示」

女　まあ、そんな、私に……悪いわ……でも、断るのはもっと悪いし……いただくわ！　いただきますわ！
⬆
「受諾」

贈与は、本来こういうもの。

でも、税金の世界ではこのように直接的なものに限りません。

誰かのしたことで、ほかの人がトクをすれば、そこに贈与があったとみなされるのです。

もちろん、あなたの「いらない宣言」で、奥さんの持っている株式の価値がアップしたとき（奥さんがトクしたとき）だって。

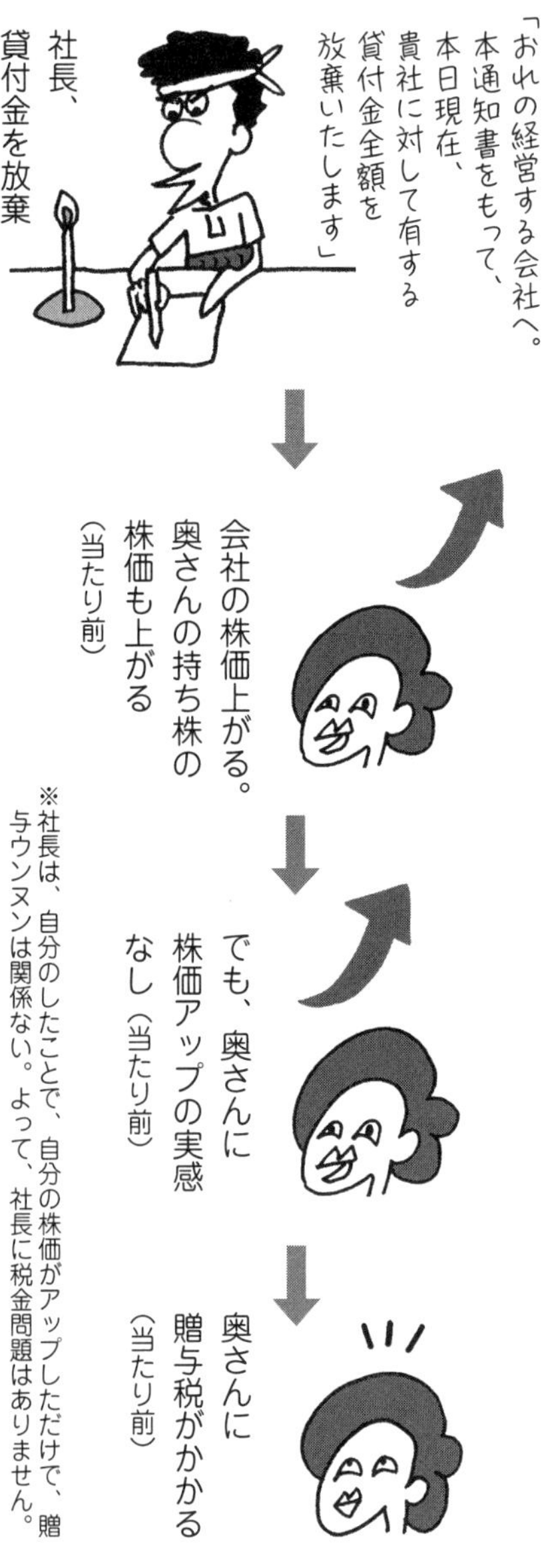

奥さんにしてみれば、夫が勝手にやったことで、株価が上がった。とはいえ、お金をもらったわけではない。価値が上がったと言われても、実感なんてこれぽっちもない。それに税金がかかると言われても……。

奥さんにとっては迷惑以外の何者でもない⁉

4

会社はソンもトクもしない

消費税は実費精算

消費税が気になる会社

私たち消費者がお店で支払う消費税。これは、もちろん私たちの負担です。

なので、消費税率が上がれば、その分私たちの懐から出ていくお金は増えます。

でも、実は会社は別。消費税率が上がっても、負担増はありません。原則的なしくみの中では、ソンもトクもしない。

なぜなら、会社の消費税は、飲み会でのワリカンの実費精算みたいなものですので。

ということで、消費税きほんの「き」。

はい、これお願い

はい、お会計

ワリカン精算人は、預かって支払うだけ。ソンもトクもしない

会社や個人事業主が納める
消費税のしくみを
確認しましょう。

あなたの会社は、
お客さんに
消費税を含めた
請求をします。

お客さんから受け取るのは、
消費税込みの代金。

受け取った代金は、
一見、すべて
あなたの会社の
お金のよう。
でも、実はそうとは
言い切れません。

なぜなら、そのうちの
消費税は、税務署へ納めるから。
消費税は
預かり金、
と言われる
ゆえんです。

ほう、
このうち
消費税は
預かり金……

税込み

このしくみは、ワリカンの
実費精算に似ています。

はい、お会計

預かって支払う。
ワリカン精算人に
ソンもトクもない。

預かって納める。
だから、あなたの会社だって、
ソンもトクもしない。

➡ これが消費税の大原則

とはいえ――、

そのままダイレクトに
納めることはありません。
あなたの会社は、
仕入れや日々の支払いの中で
消費税を負担しています。
税務署へ納めるのは、
それら負担した(支払った)
消費税を
差し引いた後。
つまり、
あなたの会社は、
「受け取った消費税」から、

「支払った消費税」を差し引いた「残り」を納めている！
もちろん、これでも会社にソンもトクもないことには変わりありません。

支払
税
税
納付
残り
税

そんな原則的なしくみに対して——

特例的に納める消費税を計算する方法があります。

「君の名は」

「君の名は。」

その名は、「簡易課税」

簡易課税
税

簡易課税では、納めるのは、お客さんから受け取る消費税のうち、あなたの会社の業種によって決まった割合。

卸売業ならば、税務署へ納めるのは、受け取った消費税の10％。

このように業種ごとの割合が決まっているのです。
卸売業以外では——

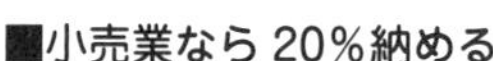

要は、
受け取った消費税と業種。
この2つによって
納める消費税が決まる
というわけ。
それがすべてです。
仕入れや日々の支払いの中で
支払った消費税は
一切、関係ありません。

➡ これが簡易課税

簡易課税では、
トクすること*もあれば、
ソンすることもあります。
なぜなら、簡易課税は
ワリカンを実費ではなく、
だいたいで精算している
ようなものだから。

だいたい
こんなもんで

はい、
お会計

だいたいで精算すると、ワリカン精算人がトクすることがあるの図

＊**簡易課税でトクする**——原則的な方法で計算した金額よりも、納める消費税が少なければトクしたことになります。つまり、消費税が手元に残るケース。これを「益税」といいます（その逆は損税）。

売上が決まった金額以下の
会社は、簡易課税を
選ぶことができます。
もちろん、ソンするのに
選ぶ会社はありません。
簡易課税を選ぶのは、
消費税でトクすると
踏んだとき
です
よね。

ワリカン精算
なら任せな。
必ずトクして
みせるから

必トク、ワリカン精算人

簡易課税は、
トクすることがある
特例的な存在です。
ゆえに、その適用には
さまざまな縛りがある。
詳しくは、次の節で……。

5 選びたくて

簡易課税、選べないのには理由があるわけ

簡易課税にしたい事業者

会社が税務署へ納める消費税は、得意先から受け取った消費税から、仕入れ先などへ支払った消費税を差し引いた残りです。

納める消費税＝受け取った消費税－支払った消費税

支払った消費税の計算方法には、原則的な方法（以下、原則課税）と簡易課税の2つの方法があります。

簡易課税は特例で認められている方法。特例なので、あえて選択しなければなりません。

ただし、その選択には、「あらかじめ」行うべき要件があるのです――。

消費税に「思い立ったが吉日」はない

【場　所】居酒屋の個室
【登場人物】Ｋ▼原則課税で消費税を納めている会社の社長
Ａ▼Ｋの親友。経営する会社の消費税の納付方法は、同じく原則課税

Ｋ　久しぶり。最近どう、調子は？
Ａ　相変わらず、カン違いが多くてさ。この間もうちへ帰って今日はすき焼きかぁ、豪勢だなと思ったら隣のうちの匂いでさ。よくあるだろ、そういうカン違い。
Ｋ　いや、あまりないが。ところで、相談ってなんだい？
Ａ　この間も、カレーライスかと思ったらさ……。
Ｋ　おい、話をそらすなよ。言えよ。話があるって誘ったのおまえだろ。
Ａ　……実はさ、
Ｋ　なんだい？　なんでも言えよ。親友だろ。
Ａ　……実は、（意を決したように）おれ、原則課税やめよう

おれたち、ずっと原則課税だぞ
ああ、約束だ

と思って。

K　なっ、なんだって？

A　原則課税やめようかなって。簡易課税にしようかなって。

K　どうして？　一緒に原則課税にしたじゃん。ずっとそれでいこうって約束したじゃん。しかも、言い出したのはおまえだろ。

A　いや……。

K　そりゃおれたちの会社は、前々年度の課税売上高が５０００万円以下さ。[*]とはいえ……。

A　試しに計算したら、簡易課税のほうが有利みたいなんだ。

K　なんてこった……。

A　自分で決めた結論だ。おまえには悪いが、簡易課税にするよ。今期からな。

K　今期から？　ぷっ、ハッハッハッ。こいつぁいい。

＊５０００万円以下さ――簡易課税の要件①前々年度の課税売上高が５０００万円以下であること。

Ａ　なにがおかしい⁉
Ｋ　おまえは、やっぱり、ほんとにカン違い野郎だな。
Ａ　なに⁉
Ｋ　おまえの会社、今期は原則課税だよ。簡易課税はムリさ。なぜなら……。

＊＊＊

〈**簡易課税の要件②**〉

簡易課税を選択するための届出書を、前年度末までに提出していること。

⬇簡易課税を選択するには、選択しようとする年度の前年度末までに届出書を税務署へ提出する必要があります。簡易課税にしたい年度に届出をしても、その年度から簡易課税にすることはできません。


つまり、「あらかじめ」の提出が要件。

「思い立ったが吉日」とばかりにその日に行動しても、すぐには適用されないのです。

さらに、簡易課税には、一度選択したら2年間は原則課税に戻れないという制約もあります。

＊＊＊

A　そういうことになっていたのか。

K　そういうわけだ。まぁゆっくり飲もうや。

A　う、うん。おっ、すき焼き来たかな……って隣の席のかよ。

K　おいおい、おれたちすき焼き頼んでないから！

6

選びたくて選びたくて

簡易課税、選びたいけれど落とし穴がある

簡易課税にしたい事業者

消費税の簡易課税を選ぶためには、選びたい年度の前年度末までに、届出書を提出しなければなりません。つまり、あらかじめの準備が必要です。

ただし、この「あらかじめ」には、落とし穴があるのです。

なんと、提出期限に税務署がお休み

【と　き】1年後
【場所・登場人物】前回と同じ

K　久しぶりだな。どう、最近。
A　以前と同じさ。カン違いの多い毎日だよ。
K　相変わらずかい。そういえば、簡易課税にするんだったよな。ちゃんと届出書出したかい？
A　もちろん。
K　おまえの会社の決算日、今年は日曜日だったけど、その前の金曜日までに出したかい？
A　えっ？　なになになに、金曜日って？　月曜日に出したよ。提出期限が日曜日のときは、月曜日まで延びるんだろ？
K　月曜日に出したのか？　ぷっ、ハッハッハッ。こいつぁいい。
A　なにがおかしい⁉
K　おまえは、やっぱり、ほんとにほんとの筋金入りのカン違い野郎だな。
A　なに⁉
K　おまえの会社、今期も原則課税だよ。簡易課税になっていないよ。なぜなら……。

＊＊＊

〈年度末が土・日・祝日のときは注意〉

簡易課税を選ぶための届出書は、前年度末までに提出しておく必要があります。

とはいえ、前年度末が、税務署の閉まっている日だったら（その日が土・日・祝日だったら）、その日に提出したくても出せません。そんなときはご用心。

確定申告書であれば、休み明けの平日が提出期限になります。

でも、この届出書を同じ感覚で休み明けに出したのでは、手遅れ。前年度末までに出したことになりません。なぜなら、休み明けのその日はもう新年度だから。

この届出書は、前年度末以前の最後の平日までに提出しておく必要があるのです。

＊＊＊

A　そうだったのか。

K　そういうわけだ。まぁゆっくり飲もうや。

A　……なんだか、おれ、一生簡易課税選べないような気がしてきたよ。

店員　すき焼きお待ちどうさま～（伝票を確認して）やや。こりゃいかん、隣のだ。

A　ダメだこりゃ。おれ、一生すき焼き食べられない気がしてきたよ……。

番外編
節税という名の誘惑

1 〈寓話〉老人と旅人
節税したら転生だった件

対象 節税が気になる会社

「節税」。この言葉に多くの社長が心惹(ひ)かれます。

でも、節税をしてはみたけれど、ぐるりと一周回ったら結局やる前と同じだった。こんなこともなきにしもあらず。

その節税は、節税のための節税になっていないでしょうか。

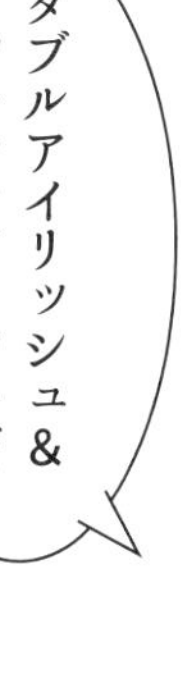

ジョニーは魅力的な話を語った

むかしむかし、ある静かな里におじいさんとおばあさんが住んでいました。おじいさんは山へ芝刈りに。おばあさんは川へ洗濯に。

二人仲良く、悠々自適に暮らしていました。

おじいさんの刈った芝は、町に持っていくとよく売れました。二人は芝を売る会社をつくりました。

ある日のこと。

おじいさんとおばあさんの住む里に、敏腕コンサルタントのジョニーが立ち寄りました。

二人が会社を持っていることを知ると、ジョニーは興味津々で聞いてきました。

「儲かるかい？」

「どのくらい法人税を納めているんだい？」＊

おじいさんは、法人税の確定申告書の控えを見せました。

「どれどれ、……ほ、ほう!?」

「信じられん。そんなに納めているとは。オー、マイガッ！」

しばらく宙をにらみ考え込んだ後、ジョニーはこんな提案をします。

「よし、これもなにかの縁だ。節税スキームを教えよう」

「ダブルアイリッシュ&ダッチサンドイッチだ」

「いいか、アイルランドに2つ子会社をつくるんだ」

「その一方にライセンスを譲渡だ！」

「コストシェアリングによって○○○したら」

「バミューダ法人に管理支配させて○○○、オランダ法人を経由して○○○だ！」

「役に立ったかい。コンサルタントフィーはここに振り込んでくれ。振込手数料はそっち持ちで」


ここでようやくおじいさんが口を開きました。


「ひとつ確認したいんじゃが……、要は税金が減る話という理解で結構かな」

「そのとおりだ。節税さ。お金がたまる。魅力的だろ？」

「外国に会社つくって、お金をためて……、それがそんなに魅力

的かい？」

「魅力的さ。想像してくれ。節税スキームでお金がたまれば……」

敏腕コンサルタントのジョニーは、自信に満ち満ちた表情でこう言いましたとさ。

「お金がたまれば……どこか静かな里に移り住んで、山へ芝刈りに行ったり、川へ洗濯に行ったりして、おばあさんと二人仲良く、悠々自適に暮らすことができるじゃないか」

＊「**どのくらい法人税を納めているんだい？**」——会社は、決算の後に法人税を納めます。中小企業の法人税の最低税率は、15％。ただし、法人税以外にもいろいろ納める税金があります。すべてを含めた税金の負担率は、利益の30％弱です（利益1000万円のとき。この率は、利益の額によって変わります）。

2

〈日本名作文庫〉「利」

利益は出したい。でも税金は納めたくない

利益は出したいけど、税金は……という社長

中小企業の社長には、2つの矛盾した心があります。
利益は出したい。でも税金は、できれば（あまり）納めたくない。
会社のためを思ったとき、社長はこの矛盾とどう向き合えばいいのでしょうか。

――いまはむかし。
池の尾に会社ありけり。
名を鼻社といふ。
この珍なる名の会社の利益、
毎年毎年大型宝くじの一等賞金のごとし

税金を少なくするためだけにお金を使うということ

鼻社の利益といえば、池の尾で知らない者はない。

創業以来、赤字はなく、安定して利益を出している。

その額は、人が心底うらやましがるほど多い。いわばジャンボ宝くじの1等賞金ほどの利益を、毎年計上しているのである。

鼻社長は、創業した日から今日まで、始終この利益を苦に悩んできた。

もちろん、表向きには利益などさほど気にならないような顔をして澄ましている。

鼻社長が利益を持てあました理由は2つある。

ひとつは同業者のやっかみである。やっかみ半分で立てられたあらぬ話は、当時京都まで喧伝された。

けれども、これは決して利益で悩んだおもな理由ではない。

鼻社長は実は、この利益にかかる税金のために悩んだのである。

そこで、まず鼻社長が考えたのは、この利益を実際以上に少なく見せる方法である。だが、税法の許す範囲でこれをするには限りがあった。

自分でも満足するほど利益が少なくなったことは、これまでに

ただの一度もない。
こういうとき鼻社長はいまさらのようにため息をついて、不承不承に税金を納めに行くのである。

ところが、ある年のこと。

従業員が知己の者から利益を少なくする法を教わってきた。鼻社長は、いつものように、利益などは気にかけないという風をして、わざとその法をすぐにやってみようとは言わずにいた。

そうして一方では、気軽な口調で、ことあるごとに、税金を納めるのが悩みだというようなことを言った。内心では従業員が、自分を説き伏せて、この法を試みさせるのを待っていたのである。

従業員も、鼻社長のこの策略がわからないはずはない。従業員は、鼻社長の予想どおり、この法を試みることを勧めだした。そうして鼻社長自身もまた、結局この熱心な勧告に聴従することになった。

その法というのは、ただ、お金を使いまくるという、きわめて単純なものであった。

使え、使え、使え。
使って使って、
使いまくるんじゃ〜
金なら、
あるで〜

鼻社長は、ただやみくもにお金を使った。利益を少なくし、税金を減らすことだけを目的に使った。お金を使い続けた。

すると利益は――、

鼻社長を苦しめた税金の元となる利益は、ほとんどウソのように少なくなって、いまはわずかにその残滓（ざんし）を残しているにすぎなくなった。

鼻社長は、法華経書写の功を積んだときのような、のびのびした気分になった。

これでもう税金で悩むことはないに違いない。

鼻社長は、試算表*1を見て満足そうに目をしばたたいた。

ところが、ときが経つうちに、鼻社長は意外な事実を発見した。

通帳の残高がどんどん減っているのである。

間違いはないかと、経理に問い質したのは、一度や二度ではない。

鼻社長は初め、これをいっときのことだと解釈した。しかしこの解釈では、十分に説明がつかないようである。

「以前には通帳の残高がこんなにどんどん減り続けることはなかったで」

鼻社長は、はげ頭を傾けながらこうつぶやいた。愛すべき鼻社長は、そういうときになると、必ずぼんやり、かたわらにかけた普賢（ふげん）の画像を眺めながら、通帳の残高の多かった頃のことを思い出して、まさに「いまはむげにいやしくなりさがれる人の、栄えたる昔をしのぶがごとく」ふさぎこんでしまうのである。

鼻社長には、遺憾ながら、この問いに答えを与える明が欠けていた。

――中小企業の社長の心には互いに矛盾した2つの感情がある。

利益は出したい。だが、税金は納めたくない。

利益がなければ税金は納めなくてもよいが、その前にお金がなくなってしまう。税率は100%ではないので、税金を納めたほうがお金は残る。鼻社長が、なんとなく自らの行いをうらめしく思ったのは、このことにそれとなく気付いたからにほかならない。

「無理に利益を少のうしたで、病が起こったのかも知れぬ」

鼻社長は、仏前に香花を供えるような恭しい手つきで通帳を眺めながら、こうつぶやいた。

それから鼻社長は、ただやみくもにお金を使うことをやめた。税金を少なくするためだけに、お金を使うことをやめにした。

鼻社長は、しばらくして、また利益が元のとおり多くなっていることを知った。

そうしてそれと同時に、以前のような、晴れ晴れした心持ちが、どこからともなく戻ってくるのを感じた。

「これで、もう通帳の残高がどんどん減り続けることはないに違いない」

鼻社長は、心の中でこう自分にささやいた。税金の納付書（控え）を、明け方の秋風にぶらつかせながら。*2

＊1　**試算表**――試算表は、いわば年度途中の決算書（ただし年度途中なので、おおよその数値が含まれることが多い）。作成した時点における会社の状況を表します。社内で確認するほか、銀行に借入を申し込んだ際に、資料として要求されることが多い書類です。

＊2　**税金の納付書（控え）を、明け方の秋風にぶらつかせながら**――このことから、鼻社の決算月は7月あるいは8月と推察できます。なぜなら、会社は決算月の2カ月後に税金を納めるから。7月決算なら、9月末に税金を納め、納付書の控えを秋風にぶらつかせられる。8月決算なら10月末。9月決算だと11月末で、もう冬。

第5章

利益を倍にしたけりゃ、めざせ売上30％増!?

会計を経営に活かす８話

1 会社にとって利益が正義

ただし、水増しでなければ

利益が気になる社長

社長は、利益を気にします。

なぜなら――

利益が出ている会社は、つぶれない。

利益が出ている会社は、信用力が高い。

どんな会社だって取引してくれるし、銀行はとやかく言わずにお金を貸してくれる。

だから、会社にとって利益が正義。

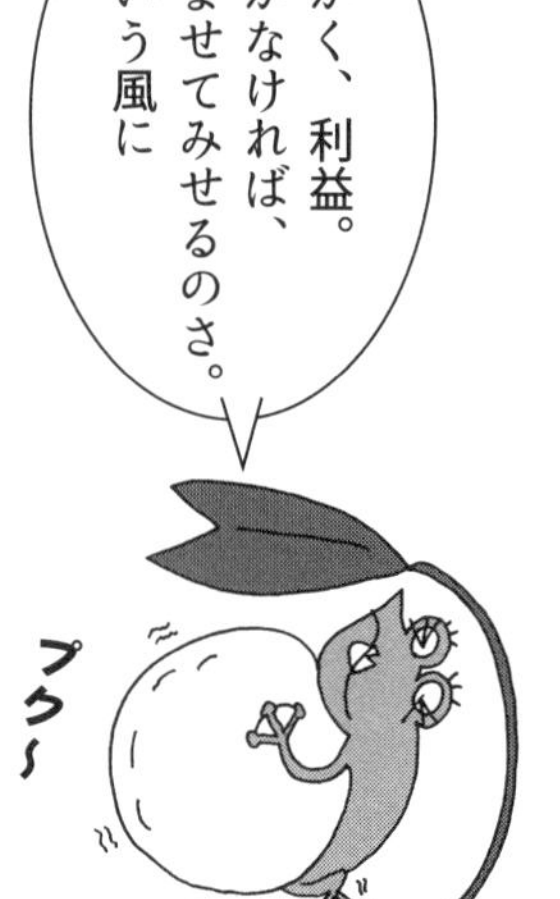

利益を盛りすぎて、飛んでっちゃった

子カエルが池で遊んでいました。そこへ大企業のえらい人が現われました。子カエルは、その大企業と取引をしたくてたまりません。

母ガエルが帰ってきたので、子カエルは大企業のえらい人に出会ったことを話しました。

母ガエルは、その話を聞くと、

「大企業は、利益の少ない会社を相手にしてくれないよ。まして赤字じゃね。利益が大きい会社ほど取引をしてもらえるのさ」

子カエルは聞きました。

「赤字だったり、利益が少ないときは？」

「利益を膨らませてみせるのさ。たとえばこんな風に」

母ガエルは、自慢のおなかを膨らませてみせました。

プク〜。

「わ〜」「すご〜い！」子カエルたちは大喜びです。

「でも、もっと利益が多いほうがいいよ」

「このくらいかい？」

母ガエルは、さらにおなかを膨らませました。プク〜、プク〜〜、プク〜〜〜。

「いいや、もっと、もっとだよ。もっと～」

ついには、膨らませすぎて、ぱっち～ん！

おなかが破裂して、母ガエルはどこかへ飛んでいってしまいましたとさ。

利益の水増しは、会社の存続を危うくする

利益は、収入から経費を差し引いた残り。

それがプラスなら会社は黒字で、マイナスなら赤字です。

黒字の会社は、つぶれる心配がない。安心して付き合える。皆そう思います。

その反対に、赤字の会社はいつつぶれてもおかしくない。危なっかしくて、そんな会社は相手にしてもらえません。

だから社長は黒字をめざします。

おなかを破裂させるくらいに、利益を出したい。利益だ。利益。利益が出ていれば、つぶれない。利益が出ていれば、どんな会社も付き合ってくれる。利益のためにすべてを尽くせ。

これが高じると、ない利益をあるように見せかける、つまり利益の水増し、不正会計への道を

歩むことになりかねません。

ない利益をあるように見せかけるのは、実は、びっくりするほど簡単です。

でも、それを元に戻すのはとてもたいへん。

元に戻すときは、利益を帳消しにするわけですから、損失を計上することになります。

突然の巨額の損失に取引先は戸惑うでしょう。信頼を失います。ましてや、その理由が、ウソの利益の取り消しによるものですから余計です。失った信頼を取り戻すのには時間がかかります。

それは、会社の存続を危うくするかもしれません。

おまけに、税務署が文句を言ってきます。*


つまり、会社にとって利益が正義。ただし、水増しでなければ。

＊税務署が文句を言ってきます――ウソの利益を帳消しにする損失は、税金での控除はできません。いったんは、その損失はなかったという申告をする必要があるのです。その一方で、ウソの利益に対して税金（ウソの税金？）を納めていたわけですから、その税金を返してもらう手続きをします。でも、税務署はすぐに返してくれません。ウソついてたよね、ということで焦らされます。焦らされ、焦らされ、返されるのは少しずつ……ウソの税金すべてが戻ってくるのは5年後です。

2

会社にとってキャッシュが正義

つぶれた会社の2分の1は黒字だった

キャッシュが気になる社長

キャッシュの賛歌

キャッシュ、キャッシュ、キャッシュ。
ああ、麗しきキャッシュよ。
もっとも確かなもの。
それはキャッシュ。
この世の真実。
それはキャッシュ。

おまえは美しく、そして貴い。
私はおまえを愛する。

たとい、おまえが
おばさんになっても。

利益だけ見る経営は危険

あるデータがあります。

某信用調査会社によると、２０１９年に倒産した５４５社のうち、およそ半数がホニャララだった！

さて、ホニャララに入るのは？

正解は――、特定の業種名ではありませんよ。設立からの年数でもありません。

なんとそれは「黒字」。

倒産した会社の半数が、利益がプラスだったというわけです。意外ですね。

赤字で倒産ならわかりやすい。でも、現実には半数がそうではなかった。

前節に登場したような、ない利益をあるように見せかけた会社ならわかります。本当は黒字ではなかったわけですから。でも、倒産した黒字会社のすべてがそうだったということはないはず。

つまり、倒産した会社の中には、それなりの数の、本当の黒字会社（水増し利益でない会社）があったというわけです。

このデータは、利益だけを見るような経営は危ういことを教えてくれます。

利益だけじゃダメ？　じゃあ、ほかにいったいなにを見るんでしょうか？

見るべきはキャッシュ、キャッシュ、キャッシュ。そしてキャッシュ

収入から経費を差し引いた残りが利益でした。

その意味からすれば、利益は単に計算上の差額にすぎません。

計算上の差額が1億円あっても、1円の買い物もできません。従業員の給与も、仕入れ先への支払いも、なにもかも不可能です。

必要なのは——キャッシュ。

そう、キャッシュがあれば、従業員の給与、仕入れ先への支払い、銀行への返済、その他もろもろ一切困りません。

たとえ、計算上の差額がマイナス1億円だったとしても。

会社は、支払いができなくなると倒産します。となると、キャッシュがあれば、倒産とは無縁。

キャッシュは、利益と違って、ないのにあるように装うことはできません。

利益の水増しはびっくりするほど簡単だと言いました。でも、キャッシュの水増しは不可能です。目に見えるものしかカウントできませんから。

見るべきはキャッシュです。

つまり、会社にとってキャッシュが正義。単なる差額である利益ではなく、キャッシュです。

とはいえ、キャッシュは黙っていて湧いてくるものではありません（当たり前。よく、金のなる木なんて言いますけど、勝手には生えてきません）。

キャッシュの前提になるのは、実は利益なのです。

3

会社にとってどっちも正義

対象 キャッシュのもとは利益
どっちも気になる社長

会社にとって、水増しでない利益、それは正義でした。
一方、キャッシュもまた正義。
では、果たして——大正義はどっちでしょう？

大切なのは
利益さ

北風と太陽の代理戦争

あるとき、北風と太陽が言い争っていました。原因は、利益とキャッシュ。会社にとって、大正義は利益かキャッシュか。これが争いのタネでした。

北風は、「利益があれば会社はつぶれない。信用度も上がる。会社はやっぱり利益を出さなくちゃ」と言いました。

利益がプラス、つまり黒字の会社はつぶれない。黒字の会社は、信用度が高い。取引をしてもらえる。だから、なにがなんでも利益を出さなければ……。その意味では、会社にとって利益が正義です。

すると、太陽が言いました。

「いやいや。会社にとって大切なのはキャッシュだよ。通帳の残高さ」

会社にキャッシュがあれば、赤字であっても絶対につぶれません。その意味では、会社にとってキャッシュが正義です。

言い争っていても仕方がないので、実際に試してみることにしました。

「よし、あの社長で試そう」

北風は、その社長の会社にたっぷりの利益を与えました。

社長は大喜び。

「利益だ。利益だ。またまた利益が出たぞ！　売って売って売りまくれ！　イケイケどんどんだっ！」

でも、利益は単なる計算上の差額にすぎません。

利益ばかりに目が行き、売上代金の回収をおろそかにしていた会社は、たちまちキャッシュに困ってしまいました。通帳の残高は減る一方。つぶれる寸前です。

そこで、今度は、太陽が売上代金をしっかりと回収してきました。

社長はまたまた大喜び。

「やあ。通帳にどんどん入金があるぞ。残高もたっぷりだ。しっかりキャッシュを回せるようになってきた」

でも、忘れてはいけません。

通帳の残高が増えたのも、もとはといえば利益があってこそ。通帳の残高は、理由がないのに自然に湧いてくることはありません。通帳の残高という現実は、単なる差額でしかない利益が前提だったのです。

社長は、反省しました。

「利益だけ見て喜んでいてはいけないな。でも、利益がなければキャッシュも増えない。利益と

キャッシュ、どっちも大正義だ」
会社の明るい未来が見えてきました。

いかなるときでもお金を貸してくれる銀行はない。だから、利益が必要

もし、どんな状況であっても、必ず、絶対に、間違いなく、望むだけのキャッシュを即座に貸してくれる銀行。そんな銀行があったなら。もし、そんな銀行と未来永劫、取引を続けることができるのなら。

会社は——たとえ、1億円の赤字が1000年続こうとも——つぶれません。

でも、残念ながらそんな銀行はないでしょう。[*1]

そうであれば、会社は自らの力でキャッシュを生み出すしかありません。その源(みなもと)が利益です。

タマゴが先かニワトリが先かはジレンマでも、利益とキャッシュでは利益が先[*2]なのです。

＊＊＊

利益をしっかりと出し、キャッシュにも気を配る。このことの大切さに気付いた社長は、あわてて着ているものを全部脱ぎ捨て、全裸になりました。

それから、そそくさと近くの川に水浴びに行きましたとさ。

＊1　そんな銀行はない――でも、それに近い存在があります。社長です。財力たっぷりの社長と、それに比べて商いの規模が大きくない会社。会社が、常に社長個人からお金を借りながらやりくりができる場合です。もちろん、未来永劫はムリでも、死ぬまで付き合ってくれます。多くはないけれど、中小企業では珍しいことでもないんですね。ただ、それはそれで弊害があるわけで（詳しくは、第4章「3　時限爆弾―社長からの借入金―はこう処理する」で）。

＊2　利益とキャッシュでは利益が先――ただし、それは平常時のお話。創業したてのときや新たな事業に乗り出す際は、利益が先というわけにはいきません。資金の出資を受けたり、借入金をしたりして、必要な資金の確保が先になります。

めでたし、めでたし

4

なぜ、バナナのたたき売りは利益を倍増し、世界を制覇できたのか

売上30％アップで利益200％のふしぎ

利益倍増をめざす社長

これは、あるバナナのたたき売りが、30％の売上アップで利益を倍増させ、ついには世界を制覇するまでの物語である。

このビジネスモデルで、めざすは世界制覇

10房売って、粗利3000円で利益1000円

あなたはバナナのたたき売り。ひと房1000円で売っています。決して値引きはしません。仕入れ値は700円。つまり、ひと房売ると300円儲かるわけですね（この300円を粗利と呼びましょう。183ページ「税と会計のツボの話②」参照）。

あなたは毎朝、バナナを10房仕入れます。全部売れば3000円の粗利です。

1日の商いが終わると、あなたはその日の粗利を懐に、ある人のもとへ向かいます。地元の親分にその日のショバ代（場所代）2000円を届けるのです。

この2000円は10房売れた日でも、ひと房も売れなかった日でも変わりありません。

親分は、約束したショバ代が手に入れば文句はありません。バナナがなん房売れたかなんて、親分にはどうでもいいことなのです。

なんだかんだで、10房全部売り切った日の利益は1000円。

日に2000円。
それが果たされれば
文句は言わん

￥10,000（売上）
－　￥7,000（バナナ仕入れ代）

￥3,000（粗利）
－　￥2,000（ショバ代）

￥1,000（利益）

人によって意味が違う――粗利ってなに?

多くの人が口にするけれど、人によって意味が違う。こう思える言葉ってありますよね。「粗利」もそう。人によって思っている中身が違う気がします。たとえば――。

ある人は、決算書に載っている「売上総利益」を粗利と考え、

またある人は、売上から仕入れ代金と人件費を差し引いたものを粗利と思い、

別の人は、売上から変動費*を差し引いたものを粗利と定義している。

三者三様。定義が違えば、金額もバラバラです。これでは話がかみ合いません。

それでも、表面的にはかみ合った風を三人が演じている。こんなことが、日々、日本各地で行われています。結構ゆゆしき問題です。

この本では、「売上から変動費を差し引いたもの」を粗利とします。

＊変動費――売上が増えれば一緒に増える。売上が減れば一緒に減る。つまり、売上に比例して増減する経費を変動費といいます。変動するからその名が付きました。たとえば、モノを売る商売なら、モノの仕入れ代金。モノを作る商売なら、原材料の仕入れ代金と工程を社外にお願いしたときの外注費。モノを売らない商売（サービス業など）なら、仕事を社外にお願いしたときの外注費。あなたなら、バナナの仕入れ代金。

世界の覇権を握りたい

そんなあなたには野望がある。

――このビジネスモデルで、世界に打って出る。最終的にはＧＡＦＡ*を駆逐して、世界の覇権を握りたい――

*ＧＡＦＡ――グーグル（Ｇ）、アップル（Ａ）、フェイスブック（Ｆ）、アマゾン（Ａ）の頭文字をとってＧＡＦＡ。言わずと知れた、世界を席巻しているアメリカ巨大ＩＴ企業４社の呼称です。

「雨ニモマケズ
風ニモマケズ
一日に十房のバナナを売り
ショバ代を勘定に入れずに
３０００円の粗利
褒められもせず
苦にもされず

地元の親分に２０００円支払う
決して値引きはしない
さういう商いで
世界の覇者に
私はなりたい」

なんと世界制覇!?
まあ、確かにそれもいいけれど……。ものには順序がありま
す。
世界制覇を夢見る前に、利益倍増を検討してはどうでしょう。
世界制覇をたくらむ人が売上倍増にビビってはいけません。

さて——、あなたが支払うのは、バナナの仕入れ代金と親分へのショバ代でした。

バナナを倍売るためには、倍仕入れなければなりません。つまり、仕入れ代金は倍になる（変動費ですから。とはいえ、まとめて仕入れれば単価が安くなることもあるので、倍になるとは限りません。確かにそういうことも考えられるけど、ここではそれは無視します）。

ショバ代だって、倍売るためには倍支払わなければ……なんてことはありません。

そう、ショバ代は一定です。

なぜなら、親分は約束したショバ代が手に入れば文句はないからです。バナナがなん房売れたかなんて、場所を貸しているだけの親分にはどうでもいいことでしょう。つまり、いくら売ってもショバ代は変わりません。

ここに利益倍増のヒントが――。

売上倍増。プラス10房は無理でも、30％増、３房多くならどうにかなりますかね？

ひと房売れば、儲けは３００円でした。

ということは、プラス３房で、粗利は３０００円→３９００円になります。

そこから親分へショバ代を支払う。

ショバ代は、いくら売っても２０００円です。しつこいようですけど、親分は約束されたショバ代が手に入れば文句はないわけですから。

日に 2000 円。
それが果たされれば
文句は言わん

こういうことでしたよね

３房多く？

まあ、
それくらいなら
なんとか……

すると——なんと！
利益は１９００円。
売上30％増、３房多く売るだけで、
利益は、ほぼ倍になった！（１０００円→１９００円）
利益を倍にするのに、売上倍増は必要ないんだ！　利益倍増のためには、売上２倍が必須かと思いきや、そんなことないんだ！

■ Before

	¥10,000	（売上）
−	¥7,000	（バナナ仕入れ代）
	¥3,000	（粗利）
−	¥2,000	（ショバ代）
	¥1,000	（利益）

■ After

	¥13,000	（売上）
−	¥9,100	（バナナ仕入れ代）
	¥3,900	（粗利）
−	¥2,000	（ショバ代）
	¥1,900	（利益）

でも、なぜでしょう？　売上は倍になっていないのに。それなのに、なぜ、利益だけが倍になったのでしょうか？

ポイントはショバ代です。

売上が増えても、ショバ代は増えません（親分は約束されたショバ代が手に入れば……って、さすがにもういいですかね。このような経費を「固定費」といいます。１８９ページ「税と会計のツボの話③」参照）。だから、増えた3房の粗利900円がそのまま利益に上乗せされるんですね。

となると、この後あなたがすることは――、

どうすればいまの値段のまま3房多く売れるか。それを全力で考える。一生懸命考える。ひたすら考える。こういうことは当事者が考えなければいけないのです。外部のコンサルタント的な人に頼らずに。

頭から湯気が出るくらい考える。工夫する。知恵をしぼる。頭を使う。

実行する。

利益倍増のために。その先には世界制覇がある。

「雨ニモマケズ
風ニモマケズ
雪にも夏の暑さにも負けぬ
丈夫なからだをもち
バナナを売る
一日に三房多く売れば

利益が二倍
さういふものに
私はなりたい」
――と思っていたら、
世界を制覇しちゃったよ。

売上ゼロでもかかるのが固定費

売上に応じて変わる（変動する）のが変動費なら、変わらない経費を「固定費」といいます。売上がいまのままならもちろんのこと、倍になっても、半分になっても、はたまたゼロになっても固定費は変わりません。なんせ、「固定」費ですから。

あなたにとっては、親分に支払うショバ代が固定費です。固定費は、語感からすると「一定額のもの」という感じがします。親分に支払うショバ代のように。でも、決してそうではありません。

ガソリン代は、毎月変わります。でも、売上に比例して変わるわけではありません。車検代の支払いは数年に一度です。もちろん売上の増減とは一切関係なし。ですから、これらは固定費になります。とにかく、売上の増減と関係なければ固定費。毎月一定額でなくても、たまたまの支払いであっても固定費です。

5

なぜ、おじいさんは赤字になり、世界を制覇できなかったのか

20％の値引きで粗利3分の1の当たり前

値引きを考えている社長

バナナを売るあなたを見ていた隣のおじいさん。

おじいさんのビジネスモデルもあなたと同じです。

「わしだって、世界を制覇したい」

そこで、考えた。

差別化のために、値引きはどうだ？

20％値引きなら、粗利も20％減。これくらいならどうにかなる！

もし20％値引きしたら、粗利はいくらになるかな？

「20％値引きなら、粗利も20％少なくなるわけだ。日に3000円の粗利が八掛けで……。うん、そうだ、粗利は2400円（3000円×80％）だ。これくらいなら、大丈夫。ちょっと多く売れば取り返せる。

いやいや、ちょっとどころじゃないかも。2割引きだからな。倍くらい売れるかもしれない。売上30％アップで利益2倍だもん、倍売れたらどれくらい儲かっちゃうんだろう。いつ世界を制覇してもおかしくないわい。

よし、値引きに決めた！

ひとまず、いつもの10房から始めてみようか」

この考え、なんとなくいけるような気がします。

おじいさんは、20％値引きして、ひと房800円でバナナ10房を売り切りました。

ところが――。

2割の値引きなら、
粗利も2割減だな

なんと、赤字になった！

「値引きをすると、売れ行きもいいのう。明日からは倍仕入れよう」

満足したおじいさんは、いつものように地元の親分にショバ代を届けに。地元の親分にショバ代を届けに。地元の親分にショバ……んっ？

ショバ代を届けられない！

バナナは、10房売ったので売上は８０００円です。仕入れ代金は７０００円なので、差し引き粗利１０００円。

ショバ代は、日に２０００円でした。それは変わりません。耳にタコかもしれませんけど、場所を貸しているだけの親分は、約束のショバ代が手に入ればＯＫ。おじいさんがバナナをなん房売ろうと、いくら粗利を稼ごうと、一切関知しないのです。

日にショバ代2000円。
それが果たされれば、
ほかは一切関知せん

〈20%値引きしたらこうなった〉

	¥8,000	（売上）
−	¥7,000	（バナナ仕入れ代）
	¥1,000	（粗利）
−	¥2,000	（ショバ代）
	▲¥1,000	（利益）

↑
なんと赤字！
ショバ代が出ない……。
借金するしかない？

でも、なぜ、たった20%の値引きでこうなっちゃったんでしょうか。粗利20%減で済むはずだったのに……。なにかの間違いだ……。

いやいや、間違いではありません。

ポイントは仕入れ代金です。よく考えると（よく考えなくても）仕入れ値は相変わらず10房で7000円。

仕入れ先は、おじいさんが値引きしているなんて知らないし、そもそも関係ない。仕入れ代金は、いつもどおりの7000円です。

7000円で仕入れたバナナを8000円で売るわけですから、粗利は1000円。

なんと、粗利が3000円⬇1000円。2400円どころではありません。3分の1になっちゃいました！　びっくり仰天です。20%値引きしただけなのに。

これじゃあ、3倍売らないと、もとの粗利と同じにならない。

以前なら10房売って、粗利3000円（1万円−7000円）でした。

値引きしたら、30房売って、粗利3000円（2万4000円−2万1000円）。

3倍売って、やっと粗利が一緒……。

もちろん、値引きが常に悪者というわけではありません。

値引きを呼び水にして、ほかの商品で儲けるということもあるでしょう。期限切れなどで、廃棄するしかない場合、「じゃあ、値引きして売ってしまおう」。こういうことだってなきにしもあらずです。

でも、もし、値引き癖なるものがあるとしたら。しなくてもいいのに、つい癖で値引きを提示してしまう。こんなことがあるとしたら。

値引きをすると、びっくりするほど粗利が少なくなることがわかりました。

なぜなら、仕入れ値は変わらないから。

「値引きのための値引き」にはご用心！

6

値引きがダメならおまけがあるさ

20%値引き＜（より）20%増量

対象　販路拡大を考えている社長

販路拡大のために「おまけがあるさ大作戦!」

そんなおじいさんを見ていたあなた。たとえ20%の値引きでも、赤字になることを知りました。

なるほど。安易な値引きは厳禁だな。

とはいえ、扱っているのは単一商品。販路拡大は常に課題です。

なにか呼び水となるようなキャンペーンはできないだろうか。

値引きではなく、おトク感を味わってもらえるような。そういうことができれば、新しいお客さんも増えるんだが……。

そんなとき、たまたま目にしたテレビの通販番組。「いま購入の方にひと袋プレゼントキャンペーン」を実施中のようです。

おまけか。

そういえば、スナック菓子でもよく、「期間限定○%増量キャンペーン」なんてやっているじゃないか。

あなたの戦略は決まりました。

命名。「値引きがダメなら、おまけがある。おまけがあるさ大作戦!」

売り値は1000円のまま。値引きはしません。その代わり、20%分をおまけに付けます。

バナナひと房は5本(ひと房の本数が決まっているか知らないけど、ここではそういうことで)です。

■ **20%おまけ**

	¥10,000（売上）
−	¥8,400（バナナ仕入れ代）
	¥1,600（粗利）

■ **20%値引き**

	¥8,000（売上）
−	¥7,000（バナナ仕入れ代）
	¥1,000（粗利）

そこで、その20%、つまり、ひと房につき1本バナナをおまけするというわけです。

仕入れ代金は、おまけにするバナナが必要なのでその分増えます。７０００円×１・２（20%増し）で８４００円。それを値引きはしないで1万円で売る。

ということは、粗利は差し引き１６００円です。

売り値の20%引きだと、粗利は１０００円。20%のおまけだと、粗利は１６００円。

率はどちらも同じ20%。でも、値引きをするよりもおまけのほうがいい。ですよね？

お客さまにおトク感を味わってもらいたいとき、値引きではなく、おまけ。あなたの会社で応用できませんか？

7

売上計画はくだらない

始まりはいつもキャッシュ

対象 売上計画を練る社長

隣のおじいさんの値引き戦略は失敗でした。

親分へのショバ代の支払いに困った――さすがに親分へのショバ代は支払わないわけにはいきません――おじいさんは、値引きは二度としまいと心に誓ったのです。

値引きは二度としまい。
そう心に誓うおじいさんであった

利益があるのに、手元にお金が残らない

〈おじいさんの状況〉

	¥10,000	（売上）
－	¥7,000	（バナナ仕入れ代）
	¥3,000	（粗利）
－	¥2,000	（ショバ代）
	¥1,000	（利益）←**黒字**
－	¥1,000	（銀行への返済）
	¥0	（収支）

↑
ゼロ、つまり手元にお金が残らない

おじいさんのいまの状況は上図のとおりです。

おやおや、これまでなかった銀行への返済をしています。

値引き時代に、ショバ代を支払うために銀行からお金を借りたんですね。その返済が1000円というわけです。

利益は出ています。でも、銀行への返済があるので、手元にお金は残りません。

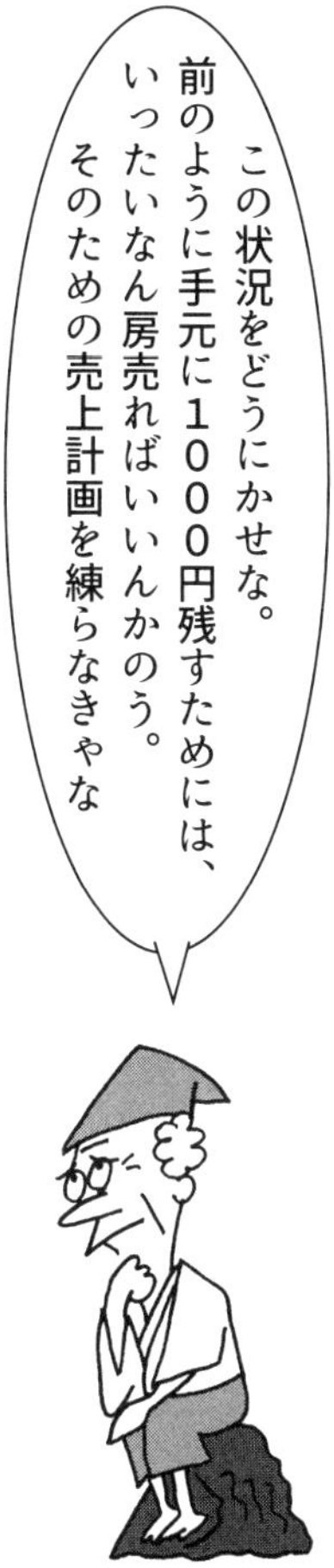

この状況をどうにかせな。
前のように手元に1000円残すためには、いったいいくつ房売ればいいんかのう。
そのための売上計画を練らなきゃな

そこへ敏腕コンサルタントのジョニーが現れました。

ジョニーが放った意外なひと言

おじいさんの悩みを聞いた敏腕コンサルタントのジョニー。

「値引きする前と同じだけお金を残したいわけだな。よしっ、そのための売上計画を一緒に練ろうじゃないか」

こう引き受けると、「最初に言っておきたいことがある」と前置きし、口にしたのは意外なひと言。

「売上計画はくだらない」

んっ？　くだらない？　これからそれを練ろうとしているのに、くだらないとは何事か!?

＊＊＊

売上計画を立てるとき、普通は、いの一番に目標売上を決めます。売上計画なので、当たり前ですかね。

初めに売上を決め、次は粗利。その次が固定費で、最後は利益。つまり、上から下へ下への「下る計画」。ついこうしたくなります。

でも、これだと、出発点になる売上はエイヤッで決めることになります。たとえ、前年対比◯

○%としたところで、結局はその場の雰囲気で決めるわけで、根拠はあいまいです。
しかも、下る計画では、目標売上を達成したときに手元に残るお金はわかりません。

＊＊＊

売上計画は、残したいキャッシュから出発すべし。

まず、一番下、つまり手元に残したいお金を決め、それをスタートにして売上をめざし、上へ上へと上っていく。売上から下への下る計画ではなく。

すなわち——売上計画は下らない。売上計画は「上る」に限る。

上る売上計画

借入金の返済が経費にならない件は、215ページ「番外編　節税のためにまとめて返済!?」で

〈おじいさんの売上計画〉

　　¥＊＊＊＊（売上）
－　¥＊＊＊＊（バナナ仕入れ代）

　　¥＊＊＊＊（粗利）
－　¥＊＊＊＊（ショバ代）

↑　¥2,000（利益）←いま、ココ
－　¥1,000（銀行への返済）←決まっている。経費にあらず

　　¥1,000（収支）←ココからスタート！（残したいお金）

〈おじいさんの売上計画〉

	￥＊＊＊＊（売上）	
−	￥＊＊＊＊（バナナ仕入れ代）	
	￥4,000（粗利）	←いま、ココ
−	￥2,000（ショバ代）	←固定費なので、いつでも同じ
	￥2,000（利益）	
−	￥1,000（銀行への返済）	
	￥1,000（収支）	

＊　＊　＊

手元に残すお金１００００円のために必要な粗利がわかりました。４００００円です。

４００００円の粗利があれば、固定費を支払い、銀行へ返済しても１００００円残ります。以前と同じですね。

では、粗利４０００円を達成するための売上はいくらか。なん本バナナを売らなければならないのか？　さあ、あと一歩です。

＊＊＊

＊＊＊

ひと房売ったときの粗利は３００円です。

ということは――、粗利４０００円のためには、（４０００円÷３００円で）13・3房売ればいい！

〈おじいさんの売上計画―最終版―〉

¥13,333（売上）← Goal！ 目標は最低でも1日13房
－ ¥9,333（バナナ仕入れ代）

¥4,000（粗利）
－ ¥2,000（ショバ代）←固定費なので、いつでも同じ

¥2,000（利益）
－ ¥1,000（銀行への返済）

¥1,000（収支）←スタート

＊＊＊

「ありがとう、ジョニー。売上計画はくだらない。この意味がわかったよ」

「役に立ったかい？」

「ああ、目標がハッキリした。あとはやるだけだ」

「喜んでもらえてうれしいよ。コンサルタントフィーはここに振り込んでくれ」

「さっそく、処理しよう。フィーは売上に比例しないから――」

「固定費さ。WAWAHAHAHA」

「わはははははははははは」

「WAHAHAHAHAHAHAHA。では失礼」


コンサルタントフィーを支払うためには、その計画では足りない。もっと多く売る必要がある。そのことには最後まで触れない敏腕コンサルタント。

ジョニーのゆくえは、誰も知らない。

抜け目ないな、ジョニー

8

大きい株の小さな会社と小さい株の大きな会社

1分でわかる会社の値打ち

自分の会社の価値を知りたいあなた

あなたは、ン十年前、資本金300万円で会社を設立しました。いまでも株式のすべてを持っています。

さて、その株式がほかの誰かのものになるとき、[*] あなたは、果たしていくらの価値のものを手放すことになるんでしょうか。

300万円？　払い込んだのはこの金額です。株式の価値も300万円でいい気がします。

でも、それでは単純すぎる気も……。

はてさて、株式の価値（株式の価値は、イコール会社の価値です）とはいったい――。

＊株式がほかの誰かのものになるとき――株式がほかの誰かのものになるのは、売るか、あげる（贈与）か、あなたが亡くなって誰かが引き継ぐ（相続）ときしかありません。どのケースにしても、税金の世界では、そのときの株式の価値が大きな意味を持ってくるのです。

1億円の会社の株式と３００万円の会社の株式

むかしむかし。

ある男が、手を滑らせて会社の株式を湖に落としてしまった。会社の資本金は３００万円だ。

男は困ってしまい、シクシク泣いた。

すると湖の中から美しい女神が出てきて、資本金1億円の会社の株式を見せてこう言った。

「おまえが落としたのは、この株式ですか？」

「違います。そんな大きな会社の株式ではありません」

次に女神は、資本金３００万円の会社の株式を出した。

「では、この株式ですか？」

「そうです。その３００万円の株式です」

「まあ、なんと正直な男だこと」

女神は感心して、たっぷりと褒美を男にくれたのである。

このことを友だちに話すと、友だちはさっそく株式を持って湖へ出かけた。資本金３００万円の会社の株式だ。

そして、わざと株式を湖に落とすと、ウソ泣きを始めた。

湖から女神が出てきて、1億円の株式を見せた。

「おまえが落としたのは、この株式ですか？」

男は、これをチャンスだと思った。チャンスは準備された者にのみ舞い降りると言うじゃないか。おれにもいよいよ順番が回ってきたというわけだ。

「そうです。そうです。1億円の株式です。はい、1億円の株式を落としてしまったんです。はい、300万円ではありません。はい、はい、はい」

すると女神は、「そう。ではこの株式を持っていくがよい」

友だちは300万円の株式が1億円の株式に変わり、大喜びで帰っていった。

ところが――、

1億円の会社は赤字続きだったのだ。しかも多額の借金に苦しみ、倒産寸前。自前の資産をまるまる処分しても、遠く返済に追いつかない。いくら資本金が大きくても、そんな会社の株式は紙切れ同然。ゼロだ。

一方、300万円の会社には積み上がった利益も多く、十分な蓄えがあった。仮に、会社の資産を全部現金化し、ごくわずかな借金の類を返せば、手元に残るのは、資本金のン十倍というキャッシュ。株式の価値が何十倍にも膨れ上がっているといえる。

しょんぼりするウソつき男。

ウソつきには罰が待っているという寓話のとおりだろうか。

いや、株式の価値は資本金の額ではない。そのことをこの話は解き明かしてくれる。

＊＊＊

あなたが代表を務めている会社。

もともとあなたが３００万円の資本金を払い込んで設立しました。オーナー社長のあなたは、いまもその株式のすべてを持っています。

あなたは一線を退く決意をし、社内で働き、経験を積んでいる息子に事業を継がせることにしました。

経営のバトンタッチのためには、あなたは持っている株式を息子へ譲らなければなりません。

譲るとは、売るかあげるか。

でも、ご注意を！

売るにせよ、あげるにせよ、どちらにしても株式の価値を知る必要があるんです。

なぜかというと――、

◆税金がかかるのは、株式の値打ちに対して

まずは売るとき。払い込んだ金額での取引は危険です。

もともと３００万円払い込んだ株式だから３００万円で売ろう。息子相手に儲けようなんて思わないし。こう考えるのは自然です。

でも、もしあなたの会社の株式の価値が10倍の３０００万円だったとしたら――。

息子は、３０００万円の価値のある株式を３００万円で買ったことになります。

税務署の人は息子にこう言うでしょう。

「ずいぶん安く買ったようですね。差額の２７００万円はもらったことになりますよ。つまり贈与。贈与税の申告納付をお願いします」

そうならないためにすべきは、価値に見合った金額（３０００万円）での売買です。

一方のあげる場合。３００万円でなく３０００万円に対して贈与税がかかります。このときだって、株式の価値を知っていれば、なんらかの対策ができたはず。

株式の価値の大切さはわかりました。でも、中小企業の株式には上場企業の株式のように流通する価格はありません。その価値は、いったいどうしたらわかるのでしょうか？

◆１分でわかる株式の価値

あなたの会社の株式の価値。実は、それを知るのは簡単。引き算を1回するだけ。1分でわかります。

一番新しい「貸借対照表」[*1]を用意してください。

まずは、「資産の部合計」を探します。

次は「負債の部合計」。

「資産の部合計」から「負債の部合計」を差し引きます。

出てきた金額が、あなたの会社の株式の価値です。

ずいぶんあっさりわかっちゃいました。

そんな簡単でいいの、と思いますか？　でも、多少手を加えることがあっても[*2]、これが株式の価値を知る、きほんの「き」となる方法なんですね。

資産の部合計－負債の部合計＝株式の価値
（発行済み株式数で割り算すれば、1株の価値）

それぞれＢＳのこのへんにある

＊1　**貸借対照表**――多くの場合、決算報告書と書かれた表紙をめくると、そこに現れるのが貸借対照表（「バランスシート」の略で、ＢＳといいます）。ＢＳには、会社が持っている資産と、今後支払わなければな

らない借金の類（「負債」といいます）が一覧表記で載っています。
＊2　多少手を加えること――たとえば、会社が土地を持っている場合。そのときは、ＢＳに載っている土地の金額を現在の価値に置き換えてから、先ほどの計算をします。なぜなら、ＢＳに載っている土地の金額は買ったときのままなので。そうすることにより、買ったときからの土地の値上がり益、値下がり損がそれぞれ株式の価値に反映されるというわけです。

◆株式の価値は、会社をやめたときに残るキャッシュの額

紹介した株式の価値は、会社を「や〜めた」と清算したときに、手元に残るキャッシュの額を表したものです。

清算のとき、資産は、なんらかの方法（回収したり、換金したり、売却したりして）で、キャッシュになります。

一方の負債は、誰かに返済したり、支払ったりする。

つまり、資産をすべてキャッシュに代え、負債をゼロにした後に残るキャッシュ。それが、先ほどの算式の意味（＝株式の価値）なのです。

厳密に計算しようとすると、土地以外にも、ＢＳに手を加えることは多々ありますし、株式の価値の計算は手間がかかる作業です。

でも、大まかな傾向をつかむだけなら、先ほどの算式で十分。

これからは、決算期ごとに株式の価値を計算してみてはいかがでしょうか。

＊＊＊

——その後の1億円の会社の株式と300万円の会社の株式。


後日、友だちはふたたび300万円の株式を湖に落とした。

例の美しい女神が出てきて、1億円の株式を見せた。

「おまえが落としたのは、この株式ですか？」

男の信条は、同じ轍（てつ）は踏まない、である。ドヤ顔でこう言った。

「その会社のBSを見せてくれ。それを見るまでは、その株式がおれのものかどうかは言えないぜ」

すると女神は、

「見せられるわけ、ないやろ！」

こう怒鳴ると湖の中に戻ってしまった。友だちは手ぶらで帰るはめに。

策を弄（ろう）しても利益が得られるとは限らない。このことをこの話は教えてくれる。

番外編

会計という名の約束

1 節税のためにまとめて返済!?

借入金をいくら返しても利益は一銭たりとも減らない

借入金のある会社の社長

講師を務めたセミナーで、こんな○×クイズ*を出したことがあります。

――借入金の返済は経費になる――

さて、答えは、○（経費になる）か、×（ならない）か。

かすかな記憶によれば、会場の答えは○×半々だったような……。

***○×クイズ**――セミナーの講師をするときは、○×クイズを出すようにしています。もちろん、内容はその日のテーマに沿ったもの。会場の雰囲気もやわらかくなるので、冒頭がおすすめです。講師を任されたときは、ぜひお試しを。

借金返したって、今期は黒字だよ

【場　所】居酒屋の個室
【登場人物】K▼中小企業の社長
A▼Kの親友。同じく中小企業を経営している

K　久しぶり。最近どう？
A　カン違いが多いのは相変わらずだよ。この間も〝未曽有＊〟って書いてあるからさ、「みぞうゆう、みぞうゆう」って言ってたら、違いますよ、って。よくあるだろ、そういうカン違い。
K　いや、あまりないが。ところで、話ってなんだい？
A　……実は、（意を決したように）銀行の借入金を返しちゃおうと思って。
K　なっ、なんだって？
A　会社の借金の残り、まとめて返済しようかなって。
K　おいおいおいおい、どうしちゃったんだい？　コツコツ返していくって約束したじゃん。約定どおり返済していくって。あの、銀行との約束はウソだったのか？
A　いや……。
K　おれとも約束しただろ。うちの借入金も同じ頃に返し終わる。一緒に完済で祝杯だぞって。

おれとの約束もウソだったというのか？

A　いや……今期だいぶ利益が出そうなんだ。

K　なにっ!?

A　つまりさ、借入金返済して、利益を圧縮しようってわけさ。おまえだって社長だ。わかるだろ、この気持ち。約束破って悪いが、節税のためだ。まとめて返すよ、借金。

K　ぷっ、ハッハッハッ。こいつぁいい。

A　なにがおかしい!?

K　おまえは、やっぱり、空前絶後のカン違い野郎だな。

A　なにっ!?

K　借入金返済で節税なんて、前代未聞だぜ。おまえの会社、今期は黒字だよ。税金たっぷり納めてくれよ。なぜなら……。

＊＊＊

借入金を返すと利益が減る。

まれにこういうカン違いがあります。借入金の返済は通帳の残高

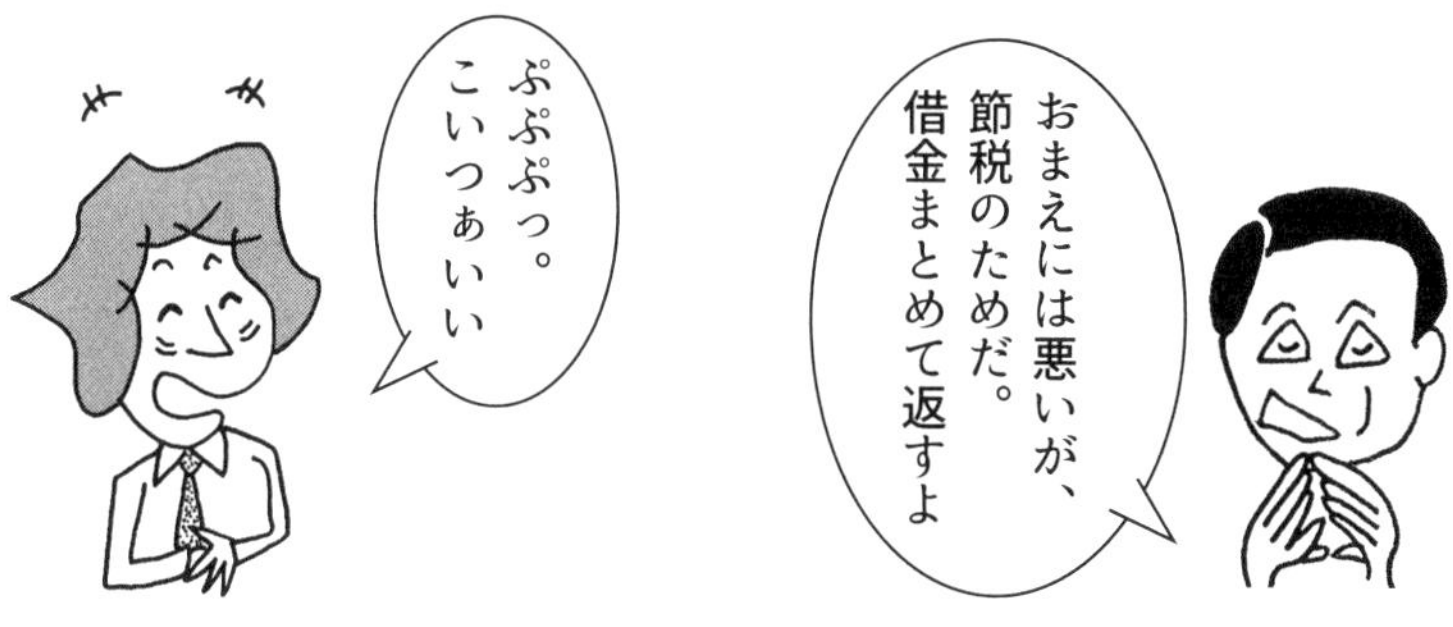

を減らすので、そう思うのもある意味仕方がないかもしれません。

でも、残念ながらそうではありません。いくら銀行へ借入金を返しても、利益はまったく減らないのです。

利益を減らすのは、経費だけ。つまり、借入金の返済は、経費ではない。

もし、借入金の返済が経費になるとしたら……。

・借りたお金を使ったとき→経費になる→1回目
・借りたお金を返したとき→経費になる→2回目

なんと、使ったときと返したとき、2回経費になってしまいます。

お金を借りたときに、それを売上にするのなら、返したときに経費にするのもいいでしょう。

でも、通帳に振り込まれた借入金を売上にする会社はありません。

したがって、いくらお金を返しても――たとえ、それによって通帳の残高がゼロになったとしても――利益は一銭たりとも減らないのです。

※ここでいう借入金の返済とは、元金のこと。元金以外の利息は、もちろん経費です。

＊　＊　＊

A　そうだったのか。

K　そういうわけだ。まぁゆっくり飲もうや。

A　う、うん。おっ、すき焼き来たかな……って、おい!?　あの店員、すき焼き鍋ひっくり返してるよ！

K　借入金だけに。わははははははは。

A　おやおや、「みぞうゆう」の大惨事だ、こりゃ。

K　いや、だからそれ違うって。

＊**みぞう**〔**未曽有**〕——有史以来、一度も起きたことのないような、まれな出来事。

2

それは雑費にしよう

勘定科目はこう決める——マッチ売りの少女〔完結編〕

対象 勘定科目が気になる経理担当者

はい、はい。マッチあるよ～。安いよ、安いよ～

個人事業主

マッチ ¥100

いまどきのマッチ売りの少女は、スマホで振り込み

振込手数料は、なに費？

【場　所】会計事務所
【登場人物】電話をかけてきた社長
会計事務所の職員

社長（以下、社） もしもし、ちょっと相談があって。いまいい？
会計事務所の職員（以下、会） はい、どうぞ。
社 いや、実はね。身内にマッチを売っている少女がいてね。ちょっと経理を手伝ってるんだ。でね、この間なんて、大みそかの夜だってのに街角に立ってたんだけどさ。
会 （その方の確定申告の依頼かな？）
社 ちっとも売れないうえに、あまりに寒いんで、ついマッチを擦って自分で温まっちゃったらしいんだよ。そしたら、光の環の中から敏腕コンサルタントが現れてね。それは自家消費だ、売上だ、だって。
会 （どうにかならない？　っていう相談か。どうにもならないねぇ……）
社 言われりゃそのとおりかなあ、って納得。
会 （早くも納得したのね）

社　じゃあ、いくら売上にしたらいいんだいと言ったら、お客に売るときの代金じゃなくていいって。お客に売るときの70％か、仕入れ代金のどちらか多いほうでいいって。まあ、そこまで言ってくれるなら、自家消費分はキチンと売上にするんだけどね。でもさ、ここで敏腕コンサルタントがフィーを請求してきたってわけだ。この展開で、フィーの請求ってする？

会　普通。光の環の中から出てきてさ。

社　（そう言われても……。請求したのウチじゃないし）

会　まあ、けど仕方ない。さっそく振り込んだ。

社　（早いね。ところで相談ってなに？）

会　で、振込手数料なんだけどね。

社　（なぜ、ここで振込手数料？）

会　こっちが泣いた。

社　（はあ、そうですか）

会　でさ、なに費？

社　は？

会　振込手数料。

社　……雑費で。

いろいろあって
フィーを請求された

振込手数料は、雑費でなければいけないなんて決まりはない

「この支払い、なに費にしたらいいですか？」

お客さんから会計事務所への割と多い質問です。

ある支払いをどんな勘定科目にするか。○○費か××費か。はたまた△△費？

心構えとしては、経費にしちゃいけない支払いを○○費にするのはダメだけれど、そうでなければ、あまり気にしない。それらしい勘定科目にすればいいや、くらいの気持ちでいてください。

たとえば、振込手数料は雑費でなきゃダメなんて決まりはありません。支払手数料などという勘定科目でもOKです。ただし、決めたことは継続すること。

ある支払いについて、あるときは○○費、またあるときは××費。こういうのは困ります。

ある支払いが、以前と比べて増えているか減っているかの確認をすることだってあるはずです。

そんなとき、「あるときは○○費、またあるときは××費」では混乱します。

勘定科目は感性!?

○○費にするか。××費にするか。

改行するか、しないか。漢字にするか、ひらがなにするか。

勘定科目をどうするかと、文章を書くことは似ている気がします。どちらも、絶対的な決まりはないし[*1]、皆それぞれの感性で（？）判断している。

あるとき、お客さんから、なに費にしたらいいですかという質問がありました。雑費で、と答えると、ひと呼吸おいて返ってきたのが「なんでも『雑費で』って言いますね」（そんないい加減なことでいいんですか的なニュアンス）。以前も、何度か「雑費で」と答えていたようなんですね。

ということで、気をつけたいことの追加です。

なんでも「雑費」にしないこと。

「雑費」だけが飛びぬけて多いのも、ヘン[*2]ですからね。

---

*1　**絶対的な決まりはない**――会社が支払う「接待交際費」には、税務上の限度額があります。ということは、取引先を接待したときの支払いは、「接待交際費」にしなきゃダメなんじゃないの？　こう思いますが、そんなことはありません。取引先を接待したときの支払いを「雑費」にしても、ダメではない。でも、税務署のチェックが入らない？　実は、税金の世界で重要なのは、表面的な勘定科目「名」ではなく、中身。法人税の申告書の中で、「雑費には○○円の税務上の交際費が含まれている」と記載をすれば大丈夫です（とはいえ、その処理は面倒くさい。したがって、普通、交際費は「雑費」にはしません）。

*2　**「雑費」だけが飛びぬけて多いのも、ヘン**――なんとなくヘンです。でも、目くじら立ててダメというほどのこともありません。とはいえ、やっぱり気になる。いかがなものか。もし、今後も同じ傾向が続くのなら、一部を、内容を表す勘定科目に区分するのがいいでしょう。

❖おまけの話

容疑者Xの軽率

税理士のお仕事紹介

要説「税理士法」

秘密は井戸にも叫ばない

対象 この本を読む前よりも、税金や会計への興味が少しでも増した人

値引きよりおまけがいい。ということで、おまけの一話は税理士のお仕事の話です。

税金に関する仕事は、税理士にしかできない

税金に関する仕事は、税理士にしかできないことになっています。

根拠は、「税理士法」という法律です。

（以下、条文はすべて税理士法より。一部省略しています）

第二条　税理士は、他人の求めに応じ、租税に関し、次に掲げる事務を行うことを業とする。

一　税務代理

二　税務書類の作成

三　税務相談

この3つが税金に関する仕事であり、かつ、税理士の仕事。これらを称して「税理士業務」と言います。

さて――。

たとえば、医療行為を業として行えるのは医師だけです。

タダだから。お金もらっていないから。いくらこんな言い訳をしても、無資格者が医療行為を

業としたら法律違反。

つまり、無償でもダメということで、人の命に関わる仕事をしている医師に与えられているのは、このような「無償独占」という権利です。

無償独占は一般的に強い権利だと言われています。

実は、税理士の仕事も同じ無償独占。お金をもらっていなくても、税理士以外は税理士業務を行うことはできません。*

＊税理士以外は税理士業務を行うことはできません――ただし、具体的な内容に立ち入らない一般的な税金の説明は誰がしても構いません。もちろん、会社の人がその会社の税金に関する仕事をするのもＯＫです。

第五十二条　税理士又は税理士法人でない者は、税理士業務を行ってはならない。

罰則もあります。

第五十九条　次に該当する者は、二年以下の懲役又は百万円以下の罰金に処する。
四　第五十二条の規定に違反した者

江戸っ子にもできないことはあるようで

脱税相談はダメ

税金は期間を区切って計算します。

期間内（期限が来る前）にいろいろな対策（もちろん合法的な）を立てれば、それは節税につながることも。

でも、その期間をすぎてからあれこれ工作すると……脱税なんてことになりかねません。

後になって、「どうにかならない？」と言われても、どうにもならないこともあるわけでして。

もちろん、税理士法では脱税相談を禁止しています。

第三十六条　税理士は、不正に国税若しくは地方税の賦課若しくは徴収を免れ、又は不正に国税若しくは地方税の還付を受けることにつき、指示をし、相談に応じ、その他これらに類似する行為をしてはならない。

税理士には秘密を守る義務がある

むかしむかし、王様の秘密を知ってしまった理髪師は、そのことを誰かに話したくてたまりませんでした。

その気持ち、わからなくもありません。

でも、理髪師がそのことを知ったのは仕事中のこと。つまり、それは職務上知り得た秘密というわけ。

理髪師は、たまらず井戸に向かってその秘密を叫びますが……。

もし、（それを知る立場であるあなたが男性として）デートの別れ際に女性から、「○○社の売上と利益の金額を教えてくれる？」

こんなことを聞かれたらどうしますか。

A.「教える、教える。でも、ちょっと待って。ちょっと。すぐ調べて折り返すから」

B.「それはできない（きっぱりと）」

税理士は、迷うことなく、問答無用で、四の五の言わずに、Bを選びます。税理士には秘密を守る義務があるのです。

時のすぎゆくままに
〇〇社の売上と利益、私に教えてくれる？
それはできない
なぜ？
なぜって、おれには……
ほげっ
……君の瞳に乾杯
秘密を守る義務があるからさ
むちゅ～
♪ラライララ　ライ
ラライラライ～

めでたし、めでたし

第三十八条　税理士は、正当な理由がなくて、税理士業務に関して知り得た秘密を他に洩らし、又は窃用してはならない。税理士でなくなった後においても、また同様とする。

これにも罰則があります。

第五十九条　次に該当する者は、二年以下の懲役又は百万円以下の罰金に処する。
三　第三十八条の規定に違反した者

もちろん、井戸に向かって叫ぶこともしませんよ。

あとがき

宇宙人を見るような目で見られないために

「宇宙人を見るような目で見る」

理解の範囲を超えた言動に対して、こんな慣用句（?）を使うことがあります。

専門家が専門用語を駆使して説明すると、得てして「宇宙人を見るような目で見られて」しまう。たとえば、こんな説明――。

「減価償却費には自己金融効果があるので、相当する資金が企業内に留保される[*2]」

言っている本人は気持ちいいかもしれません。

そうでなくても、相手をけむに巻いて、その場の追及を逃れたいときは有効でしょうね。でも、相手になにかをわかってもらおうと思っ

たら、これはＮＧです。

説明したときに、宇宙人を見るような目で見られないようになりたい！

税理士になってから、ずっとこう思ってきました。説明が腑に落ちれば、宇宙人を見るような目で見られることはありませんから。

そのために必要なのは、相手の立場に立つこと。加えて、そのことに関するしっかりとした理解。

しっかり理解していないと、専門用語でごまかしたくなる。でも、正しくかつ深く理解していれば、うまく言葉を置き換えて、わかりやすく伝えることができるはず。

この本は、そんな願いを持ち続けてきた税理士が書きました。

読み終えたあなたは、わたしをどう見るのでしょうか？　宇宙人を見るような目で？　それとも……。

＊＊＊

この本は、わたしにとって初めての出版物です。

ベースになったのは、2013年（平成25年）7月から始めたブログ「社長のためのじょりじょりわかる！　税理士ブログ」（https://blog.takahasikaikei.com/）。

ブログという媒体の特性を生かすため、必ずイラストを添えています。

そのテイストは、この本にも受け継ぐよう工夫したつもりです。果たして、その試みはうまくいったでしょうか。

＊＊＊

最後に、出版の機会を与えてくださった合同フォレスト株式会社の松本威さん、山崎絵里子さん、石川千恵子さん、わがままに付き合い、力強くサポートしてくださった吉田孝之さん[*3]に感謝の意を表します。

また、出版のきっかけを作ってくださった株式会社アバンダイフの高橋秀樹さん、ヘッジホッグ株式会社の皆さまにも感謝申し上げます。

ありがとうございました。

２０２１年（令和3年）９月

高橋浩之

＊1　**月代**――一般的な読みは、「つきしろ」ではなく「さかやき」。近世日本男子の髪型で、前頭部から頭頂部にかけての髪をそり上げた部分。兜をかぶったときの頭の蒸れを防ぐため。これがその始まらしい。

さかやき

月代をした
織田信長

＊2　**減価償却費には自己金融効果があるので、相当する資金が企業内に留保される**――減価償却費は、領収書がないのに経費になるということ。減価償却費は、誰かに「はい、これ」と言ってお金を渡したものではありません。つまり、領収書はなく、帳簿上だけの経費です。お金が減らずに利益だけが減るので――利益の分だけお金が増えるとの前提に立てば――減価償却費は資金のプラスになるというわけです（なんだかわかりにくいなあ。最後の最後でややこしいことを書いてしまった……）。ですから、減価償却費をたくさん計上すれば、通帳の残高が増えるということではありません（当たり前）。

＊3　**力強くサポートしてくださった吉田孝之さん**――実は、吉田孝之さんには会ったことがありません。顔も知らない。その意味では、わたしにとって謎の男です。謎の男と一緒に仕事をしたのは、企画・執筆時の社会情勢（新型コロナウイルス禍）の影響で、やりとりがすべて電話とメールだったことがその理由。めったにないことだと思って、これもまたよしとしましょう。

この本の内容、見出し、イラストの基になった題材など（50音順）

〈映画・ドラマ・歌のタイトル〉

いまのキミはピカピカに光って／エマニエル夫人／奥さまは魔女／俺たちに明日はない／カサブランカ／風と共に去りぬ／君の名は／君の名は。／木枯し紋次郎／ゴッドファーザー／ゴッドファーザー PART II／ザ・マジックアワー／知りすぎていた男／タイタニック／の・ようなもの／パルプ・フィクション／必殺仕事人／プリティ・ウーマン／マルサの女／欲望という名の電車／ other

〈小説・童話・寓話・出来事など〉
アダムとイブ／雨ニモマケズ／泉アツノ（占い師）の決めゼリフ／イソップ寓話（王様の耳はロバの耳、オオカミ少年、おろかなカエル、北風と太陽、金の斧と銀の斧）／大岡裁き―子争い―／唐獅子株式会社／狂気の沙汰も金次第／こだまでしょうか／自虐の詩／首相の漢字の読み間違い／転生したらスライムだった件／東京タワー オカンとボクと、時々、オトン／ドラえもん／２度にわたる消費税率アップの延期／二宮金次郎／鼠小僧次郎吉／走れメロス／鼻／不都合な真実／マッチ売りの少女／八つ墓村／容疑者Ｘの献身／漁師ティコとウォールストリートのアナリスト／ロミオとジュリエット／ other

〈似顔絵・芸術作品〉
織田信長／落合博満／考える人／叫び／真珠の耳飾りの少女／太陽の塔／夏目漱石／二人の元首相／見返り美人図

● 著者プロフィール

高橋浩之（たかはしひろゆき）

税理士

1964年東京生まれ。高校卒業後トラックの運転手の職に就く。3年間のトラック運転手の後、税理士になるために専門学校へ。ところが——、誰でも入れるはずなのに、なぜか入学試験を受けてくれと。たったひとり。教員控室の端っこ。ひとりぼっちで受けた試験の問題は分数の計算。その場で合格、無事入学。

■ 1988年　会計事務所就職

■ 1990年　税理士試験合格
合格科目：簿記論、財務諸表論、所得税法、法人税法、相続税法

■ 1993年　独立開業
東京都町田市で開業。ややこしい税金や会計のことをややこしくなく伝えられるよう、日々奮闘しつつ、現在に至る。

■好きな食べ物：カレーライス、ハンバーグ、オムライス、すき焼き、ビール

■好きな言葉：真実は異端から始まる

■家族：妻、一男一女（大学生の息子は横浜ベイスターズファン、中学生の娘は最近冷たい）

●高橋会計事務所／高橋浩之税理士事務所ホームページ
http://takahasikaikei.com/

企画協力　株式会社アバンダイフ　代表取締役　高橋秀樹
イラスト　高橋浩之
編集協力　吉田孝之
組　版　GALLAP
装　幀　株式会社クリエイティブ・コンセプト
校　正　北谷みゆき

スーツは経費で落ちますか？
税理士による〈税知り本〉、賢い節税・トクする申告

2021年11月1日　第1刷発行

著　者　高橋浩之
発行者　松本　威
発　行　合同フォレスト株式会社
郵便番号 184-0001
東京都小金井市関野町 1-6-10
電話 042（401）2939　FAX 042（401）2931
振替 00170-4-324578
ホームページ　https://www.godo-forest.co.jp/
発　売　合同出版株式会社
郵便番号 184-0001
東京都小金井市関野町 1-6-10
電話 042（401）2930　FAX 042（401）2931
印刷・製本　株式会社シナノ

ISBN 978-4-7726-6196-6　NDC 340　188×130

合同フォレスト
ホームページ

合同フォレストSNS

facebook

Instagram

Twitter

YouTube